阳光未来丛书

U0608386

培养高情商
聪明优秀男孩

晶　晶／编著

内蒙古人民出版社

图书在版编目（CIP）数据

培养高情商聪明优秀男孩／晶晶编著. --呼和浩特：
内蒙古人民出版社，2021.10
（阳光未来丛书）
ISBN 978-7-204-16838-5

Ⅰ.①培… Ⅱ.①晶… Ⅲ.①男性-家庭教育 Ⅳ.
①G78

中国版本图书馆 CIP 数据核字（2021）第 172186 号

阳光未来丛书
培养高情商聪明优秀男孩

编　著	晶　晶
图书策划	石金莲
责任编辑	晓　峰　杜慧婧
封面设计	宋双成
出版发行	内蒙古人民出版社
地　址	呼和浩特市新城区中山东路 8 号波士名人国际 B 座 5 层
印　刷	内蒙古爱信达教育印务有限责任公司
开　本	710mm×1000mm　1/16
印　张	9.75
字　数	170 千
版　次	2021 年 10 月第 1 版
印　次	2022 年 2 月第 1 次印刷
印　数	1—2000 册
书　号	ISBN 978-7-204-16838-5
定　价	32.00 元

如发现印装质量问题,请与我社联系。联系电话:(0471)3946173　3946120

前　言

一位心理学教授说过："人就像是一件陶瓷器，出生的时候是雏形，青少年时期是塑造陶瓷器的时机，这期间的教育会影响孩子的一生。"

与女孩相比，男孩天生喜欢冒险、玩耍、具有叛逆思想……这些特性注定了男孩在成长过程中要走更多的弯路，遇到更多的烦恼。并且男孩长大后所承担的社会责任和生活压力都会很大，所以男孩应该对自己要求更加严格，只有成为一个优秀的人才能担负起强大的压力和责任。

很多男孩在成长的过程中会被惰性和一些坏习惯影响，反映在学习上就是成绩不理想、学习没有动力、沾染社会上的恶习。男孩好斗、不服输的特征也会对他们的成长造成困扰，喜欢用拳头说话、遇到挫折不轻易向同学求助、容易产生逆反心理等，这些缺点不仅会影响男孩的成绩，而且会影响男孩未来的一生。

任何一个孩子的成长，都是在一张白纸上开始的。在这张白纸上写些什么，画些什么，决定权都掌控在父母的手上。父母是孩子的第一任老师，父母的教育观念和方法决定着孩子的一生。如果父母引导得当，教育方式合理，那么孩子最后就会成为一个了不起的天才，反之，如果用的方法不合理，那么就会将这张白纸变成涂鸦。

在国外，有一则古老的童谣这样说："小女孩是由糖、香料及一切美好的东西做成的，而小男孩是由剪刀、蜗牛和宠物小的尾巴做成的。"此话不假，有过教育男孩经验的父母都知道，相比养育乖巧、懂事的女孩，养育一个男孩的难度要大许多。这些小家伙几乎每天都让人不得安宁，父母往往需要付出比教育女孩更多的精力。

男孩将来会成为一个家庭的支柱和社会的脊梁，男孩是否能够健康茁壮地成长，对男孩的将来有着十分重大的意义。本书旨在为父母更好地培养他们的男孩出谋划策。

本书还是一本专为男孩家长打造的教子全书。该书对男孩成长过程中遇到的各种心理问题举例说明，引导父母对孩子进行科学的正面管教，有助于全面提升男孩家长的教育理念和教育方法，进而帮助男孩成长为一个自信勇敢、奋发图强、性格坚强、豁达开朗的男子汉！

本书能够顺利在一年多的时间里编写完成，离不开诸多学者和创作伙伴的精心协作和努力。在这里要特别感谢徐凤敏、陈镭丹、贾瑞山、晶晶、元秀、张大力、邓颖，感谢你们的努力与付出。在此付梓之际，一并向你们表示衷心感谢！

编委会

目　录

第一章

穷养男孩培养优秀品质

阳光未来丛书

培养高情商聪明优秀男孩

YANGGUANG WEILAI CONGSHU

PEIYANG GAOQINGSHANG CONGMING YOUXIU NANHAI

让优秀品质扎下根

国画大师李苦禅原名李英，家境贫寒。在北京国立艺术专科学校学习期间，学习费用全靠众人接济，遇到接济不上时，便陷入了吃了上顿没有下顿的困境。于是，他开始靠晚间和休息日拉洋车维持生活。为此，同学赠其"苦禅"二字为名。

1923年秋天，李苦禅拜齐白石先生为师，也没有什么见面礼送给老师。齐白石告诫李苦禅说："我就是木匠出身，咱们靠劳动吃饭，靠拉车求学是不丢脸的。"后来，齐白石先生将自家一间厢房腾出来给李苦禅住，还在他的一些画上题字，让他卖掉画解决生活困难。李苦禅在齐白石先生的帮助和关心下，摆脱了生活困境，开始专心致志地刻苦学画。

自古英雄多贫寒，李苦禅没有辜负齐白石先生的厚望，终于成长为一代书画大师。

"穷人的孩子早当家"就是这个道理。就是因为家境的贫穷，他们才会一直努力拼搏，不努力拼搏就无路可走了。艰苦的环境才令他们学会了自强。

没错，穷不仅仅只是家庭经济方面。贫穷的范围很大，任何人陷入困境，都算得上贫穷。古人云："自古英雄多磨难，从来纨绔少伟男。"由于人在顺境中轻易就受到诱惑，他们总是会贪图享受，不思进取，不了解克服困难有什么意义，因此没有远大的志向，没有丝毫进取心的人，又如何取得成就呢？但是那些处在逆境中的人则不然，他们饱受艰辛，一次又一次地与命运和困难做斗争。人假如没有动力就不能前进，这些是身处顺境中的人不具备的品质。

由于现在社会的工业化、数字化、信息化的进程非常快，致使当今时代的年轻人心智成熟相比以前较慢。也可以说是由于经济的发展导致了孩子的心智成长缓慢。美国的专家在这方面做了研究：20 年以前美国的孩子心智成熟期在 15 岁左右，但是当今青少年的心智成熟期却在 25 岁~30 岁之间。什么原因导致这些状况的出现呢？很关键的一个因素就是工业化的进程太迅速了，孩子拥有优越的物质条件，动手机会和实践的能力很大程度上减少了。但是穷人家的孩子却不是这样的，他们压力非常大，要做很多的家务劳动和其他的事情。因此，富足家庭的孩子成熟得较慢。

在瑞士，父母为了避免孩子成为坐吃山空之辈，从小就开始锻炼他们自食其力的能力。例如，一个 16 岁的姑娘初中刚毕业，就会找一家有教养的家庭去当兼职女佣，上午去打工，下午去学习。这样不仅锻炼了劳动能力，而且对于学习语言也是有帮助的。

为孩子包办事情的事不会在德国发生。那里的孩子到了 14 岁以后都有责任承担一些他们应尽的义务，例如给每个家庭成员擦鞋。这样做有以下两个优点，一方面锻炼了孩子的劳动能力，另一方面能够加强孩子的社会责任感。

在大山里面有两块石头，其中一块石头对另一块石头说："出去经历艰险和坎坷吧，可以拼搏一下，也不枉咱们来世上一次。"

"不要，何必这样呢？"另一块不以为然地说，"安坐高处可以一览众山小，周围都是各种花丛，谁会在享受和苦难当中去选择苦难呢。再说了，我会被路途的艰险弄得粉碎！"

于是，第一块石头跟随着山溪落下，历经大自然的洗礼，它仍然坚持行进在自己的道路上。第二块石头对此很是讥讽，它能够在高山之上享受各种乐趣，享受着周围各种花团簇拥的舒适和安逸，享受着大自然的各种美景。

多年之后，饱经磨难的第一块石头变成了一个大家族里最珍贵的石头，是石头里面的珍品，被万千大众赞美着，享受人间的各种荣华富贵。第二块石头知道以后，特别后悔，现在它特别希望自己也可以投入到洗礼中，最终像第一块石头一样拥有成功，但是一想到要经历各种磨难和艰辛，甚至冒着粉身碎骨的危险，它便退缩不敢尝试了。

有一天，人们为了更好地收藏这块石头，希望建设一座精美别致、气势宏伟的博物馆，建造博物馆的材料准备用石头。然后，他们去高山上寻找到了第二块石头，并将它砸得粉身碎骨，用来给第一块石头修盖房子。

孟子曾说："生于忧患，死于安乐。"忧患和安乐其实都是一种生活的态度，可是一个令信念加强，另一个只能播种平庸。

英国的一位著名学者曾说过："人在年轻的时候多经历一些磨难是对自己很有帮助的。"

古人常说："少年得志非常不幸。"少年到青年是人生非常重要的阶段，假如在这个时期万事如意，长大以后，未必经受得住挫折和困难。若是在这个时期经历一些磨难，那么，长大以后，不管经历任何磨难，都是不会被打败的。

一对老来得子的农民夫妇对儿子特别宠爱，儿子在家里简直是个小霸王，从小就特别喜欢闹脾气，做事情也总是毛毛躁躁的。

儿子上学以后，从不知爱惜衣物，回家的时候不是把衣服弄脏了，就是将书包给放到了田里面，回家以后只知道哭。母亲无时无刻不跟在儿子的身后，也对此无计可施。有一天，父亲拿着铁锹，在儿子每天回家的路上挖了很多坑，又在坑上搭建了独木桥。儿子在回家的时候路过坑边，不知道怎么办。田野里面没有一个人，只有微风吹过树林的声音，孩子特别想哭，可是哭了又有谁能听见呢。没有了退路，孩子迫不得已地自己走上桥，他心惊胆战地走过每一座独木桥。

回到家，儿子特别骄傲并开心地将今天遭遇的事情讲给父亲听。父亲语重心长地解释道："走在平坦的路上，自然就不会注意脚下，现在的路途艰辛多了，你只能聚精会神地走路了。"

人生犹如一条大路，假如路途太过于平坦了，那么孩子势必就会左看看右看看，忘记关注当下的路途；但是如果走一些曲折的路途的话，挫折会使孩子变得坚强起来。

心理学家总是会遇到这样的母亲，抱怨孩子老是伤她们的心。心理学家观察到，其实这些母亲的身上都有相似之处：假如孩子第一次系鞋带没有系好，母亲以后再也不买有鞋带的鞋子给他；假如孩子第一次洗碗不小心将衣服弄湿了，母亲就阻止孩子接近洗碗池。这些孩子永远都不知道怎样将鞋带系好，永远都无法学会像其他孩子那样洗碗不弄湿衣服。他们将来长大以后遇到困难也是不会迎难而上的，他们不知道怎样克服困难。有时候，父母们必须学会让自己狠心一点，不要溺爱、纵容孩子，放手让孩子自己做事。

男孩总有一天要扛起责任，所以让孩子提前吃点苦头，是一件好事。若希望男孩将来有个灿烂辉煌的人生，那么现在就要让孩子在苦难中多磨炼一下自己的品质和心智。

切不可让男孩丢失潜质

金钱并不能买到所有，但是没有金钱却寸步难行。每个家长都希望自己的男孩可以成为成功人士，而不是一个穷光蛋，更不希望孩子永远都由家长掏腰包——那样男孩就不知道成功的滋味是如此美好。男孩成功了，家长会觉得比自己成功还要快乐，教育男孩理财的观念为形势所趋，懂得理财之道的人，可以在有限的生活条件下生活得更好，不懂理财的人挣多少钱也提高不了生活质量。

可以说，有创造才会有财富。因此，钱是财富教育的第一课。有这样一则故事，父母可与男孩一起分享：

小克莱门斯的老师玛丽有一次讲解到"祈祷，就可以收获一切"的时候，小克莱门斯忍不住站起来说："如果我向上帝祈祷的话，他可以给我想要的事物吗？""是的，一旦虔诚地祈祷，你就能够得到你想要的一切。"

小克莱门斯当时的愿望就是自己可以吃上一块大的面包，因为他从来都没有吃过这样的面包，但是他的同桌，一个拥有美丽金发的小女孩每天都会带着一块面包来学校。每次小女孩让他吃的时候，小克莱门斯都会坚定地摇摇头，但内心却是充满渴望的。

放学的时候，小克莱门斯对小女孩说："明天我也会有一个很大很大的、和你的一样的面包。"回家后，小克莱门斯便在自己的屋子里虔诚祷告。但是，第二天起来后，他将手伸向书包里，只有一本破旧的课本，根本就没有面包。后来他决定每天晚上都虔诚地祷告，直到面包降临。有一次，金发的小女孩问小克莱门斯："你的面包在哪里呢？"

小克莱门斯已经不再自己祈祷，他告诉小姑娘，可能上帝并未听见他虔诚的祈祷。因为，每天肯定会有很多的男孩在进行虔诚地祷告，但是上帝只有一个人，他忙都忙不过来。听到小男孩的话，小女孩说了一句影响了他一生的话："原来人们祈祷是为了得到一块面包啊，面包只要几枚硬币就购买回来，花那么多时间去祈祷还不如打工挣钱买面包呢！"

从此小克莱门斯再也不祈祷了。他明白了小女孩话中的意思——想要得到自己想要的东西必须要通过实际工作才行，祈祷只能永远停留等待。"再小的事我也不会祈祷了。"小克莱门斯踏上了崭新的道路。小克莱门斯长大以后，已经是勤奋而且多产的作家马克·吐温了。他不再祈祷，因为在无数的困难日子中，他谨记着：只有通过自己的努力和辛勤的汗水才能够获得成功，勤奋才是成功的必由之路。

培养孩子富有开拓精神，成为一个自食其力的人就是每个家庭教育的理念。父母可以让男孩从小就变得很有自信，即使家庭富有，也需要经常打工体验生活。现在的孩子，不应该依赖父母的条件而享受安逸的生活，而是要依靠自己的能力去奋斗。

但是一般的父母都没有这方面的自觉，为男孩创造最好的物质条件已经成为他们的习惯，尽量避免让男孩受苦是他们努力做到的。可人生不是一帆风顺的，一个人若是习惯了现在这种养尊处优的好环境，以后在面对挫折和困难时怎么办呢？男孩总会有长大成人的那一天，他们总不能永远跟随在父母身后，不出去找工作也不追求独立的生活吧。

方法一：让男孩做一些自己力所能及的事情

根据前段时间的一项抽样调查显示，上海高中生对家务的疏远程度已经超出想象。高中生大多数都不叠被子；百分之五十都不爱倒垃圾，也不打扫地面；百分之七十衣服从来不洗；百分之九十没有做过饭洗过菜。在家从不做家务，更有甚者连书包都是要家长帮着整理。难道是现在的男孩懒得不肯做家务劳动吗？实际上不是的，调查结果出乎意料，大多数高中生都愿意打扫卫生，一部分人喜欢做家务并且认为做家务是一件快乐的事情，还有一部分学生说家长不准他们做家务，也从来都不会告诉他们怎么做。家长却是这样认为的：孩子现在的任务就是学习，这些事情等他长大了也来得及。家长本是一片好心，却使男孩养成了养尊处优的坏习惯，认为别人无论帮助自己做什么都是别人分内之事，自己却没有义务去关心与帮助别人。

苏霍姆林斯基认为：体力劳动相对于男孩来说，可以带给男孩一定的技术技巧，也可以进行道德教育，还可以带他们进入一个无边无际、惊人的、五彩缤纷的世界。这个世界激发着儿童道德上的、智力上的和审美上的情感，若是没有这些情感，认识世界和学习根本就没有可能性。

为了让男孩更好地适应这个世界，让男孩知道父母的辛苦和不容易，家长可以在男孩上小学五六年级或者刚踏入初中的时候，循环地与男孩互换家庭角色，这是个非常有用的方式。

具体的操作方法：找一个周末，让男孩计划第二天的活动，然后从第二天起床开始，男孩就自己领导大家这一整天的活动，包括家务游玩等等。父母就在男孩的领导下配合工作。需要的金钱和需要购买东西的多少、到哪个景点玩、乘坐哪路公交车、走什么样的路线，全部都由男孩自己来决定。父母信任孩子并放手让他大展身手，即便男孩安排得并不是很合理，也不要马上就否决，应该在第二天的时候和男孩好好地商量一下，先让他自己对上次的活动策划提出改进意见，然后父母再提供可行性方案与之进行对比。这样，相信男孩的兴趣点会很高，而且会有正义感和责任感的，结果肯定会出乎父母的意料。

其实每个男孩都有勤劳的潜质，他们小的时候看见母亲在打扫卫生，自己就会过去帮助妈妈一起打扫；长大以后看见妈妈在厨房做饭，就会过去帮忙打打下手。可是每当这个时候，父母总会说："你不会做，妈妈自己来吧。"当家长说"去自己看书吧，不要来打扰我做饭"的时候，男孩心里面那仅有的勤劳小火苗，也被父母给浇灭了。等到父母意识到孩子真的是变得越来越懒的时候，想要重新让男孩焕发对家务的热忱就会难上加难。

方法二：让男孩拥有一个积极的劳动态度

态度决定一切。要锻炼男孩动手的习惯，首先要从改变他们对劳动的态度开始。父母可以对男孩言传身教，一个良好的家庭氛围必不可少。为男孩打造一个勤奋的家庭环境，让他明白劳动是最光荣的。男孩一旦养成了热爱劳动的习惯和渴望劳动的愿望，慢慢地就会形成勤奋的性格。

让男孩早点从事家务劳动，但是方法要得当，比如列出男孩每天需要做的家务清单。这样，不仅可以令男孩更加独立，也会使男孩更有责任感。例如多让男孩在有空的时候擦擦桌子，洗洗碗。当男孩完成家务清单的任务以后，要和他说声谢谢，并且给予表扬。

一定要培养男孩勤俭节约的好习惯

现在很多男孩生活在衣食无忧的环境里。就算家庭很艰苦，父母也不会让孩子知道，仍然维持着平和的生活。孩子从来都不懂生活的不容易，大手大脚花钱，吃饭也是很挑剔，再好的衣服也不会穿太久，养成了奢侈的习惯。父母虽然也会抱怨，但仍然会继续这样宠爱孩子。还有一种看法就是觉得自己的孩子要比别人强，应该像个小少爷一样富有，这样，男孩的任性和虚荣心越来越重。

"由俭入奢易，由奢入俭难。"在商场可能碰到这样的场景：

一个男孩和母亲走进一家服装店，什么都不说就开始挑选衣服。当母亲说他穿的衣服还很新的时候，他却说，马上就落伍了。旁边的父亲边刷卡边说："现在不少父母对于男孩用名牌都很赞成，觉得这是孩子的脸面，也是父母的脸面。苦父母也不能苦孩子。"

有一位妈妈说过："我也就这样了，但是我的孩子不能和我一样，我高兴看着孩子穿得体面、吃得舒服。"由此可以看出来要想让男孩懂得节俭的意识，首先就要改正家长的错误观念，父母对孩子的要求都无条件地满足，是觉得不能委屈孩子。而且很多家长都希望自己的孩子不要再受和自己一样的苦。节俭并不是什么让人抬不起头的事情，相反，节俭是对生活的理智态度，也是对自己行为的一种高要求，让男孩明白高尚的人才会节俭，男孩会觉得光荣而不是耻辱。勤俭节约既是对制造财富的劳动者的尊重，也是对父母的尊重。

贝多芬曾说："把美德、善行传递给你的孩子，而不是给孩子一大笔财富，只有这样才会给他们带来幸福。"节俭既是美德，也是善行。父母可以参考以下建议用来培养男孩勤俭节约的习惯：

方法一：把培养男孩勤俭节约的意识作为塑造良好品德的开始

美学大师朱光潜曾经说过"有钱无法买到幼时贫"，这并不是要求男孩过"苦行僧"的生活，而是为男孩创造俭朴的家庭环境，让男孩可以继承中华民族俭朴的美好品德。

方法二：帮助男孩在小事上养成节俭的好习惯

注重节俭习惯的培养，例如爱惜粮食、随手关灯、节约利用水资源、节约时间等。学习用品是男孩最常用的消费品，可以从节俭文具开始，切不可因为写错一两个字就要扔掉一张纸，不要总是弄断铅笔芯。

方法三：让男孩了解支出

即使男孩年龄尚小没有理财的观念，但是将家里的收支情况讲给男孩听也是可以的，与他共同商量节俭的小细节。假如他说一些建议，父母可以表示支持。父母要给男孩讲述勤俭的道理，知道一粒米、一滴水、一度电都是勤劳所得，父母为他提供的衣食住行的费用都是父母辛苦赚来的。

不要让男孩有攀比心理

现如今，男孩攀比的心理已经很普遍了。男孩还没有赚钱，他们和别人攀比的费用都是父母辛苦赚来的。攀比隐藏着的是一种竞争、好胜的心理。当男孩在很小的时候，缺乏判断是非的标准和自制能力，只明白别人有的他也必须有。作为家长，若是对孩子的攀比心理总是无条件地满足，将会让男孩产生虚荣心。所以一旦家长意识到自己的孩子有了攀比的想法，就要有意识地引导孩子。

如今的中学生有着这样的穿衣潮流：脚上一定是阿迪，衣服一定是耐克，腰带一定是鳄鱼牌的。而一双正品的新款阿迪达斯运动鞋，价格常常在800~1000元之间。为了避免这样的状况发生，学校也都主张学生平时穿校服。可是学生之间的那种"吃要美味、穿要名牌、玩要高档"的奢侈行为仍然在校园时有发生。

曾有同学这样说道："平时学校让我们穿校服，因此我们只有穿一双比较名贵的鞋子才会体现出我们的高贵。班上的同学对鞋子都很讲究，谁穿的是名牌，谁的是新款，立刻就会在班上引起争议。班里40多个同学，差不多每个人都有耐克、阿迪等名牌鞋子，有的甚至都有四五双。假如谁不穿，就会觉得很丢脸。"

孩子常常不知道父母的钱是从哪里挣来的。而父母认为男孩是全家的宝，所以男孩要什么就给买什么。无形中使男孩变得花钱没度，一点也不知道节约。乱花钱的行为随着时间的推移就会根深蒂固。显然，现在家庭生活水平好了，家长在可承受范围内给孩子最好的物质供应，这本身无可厚非。但是，如果一味地攀比就没必要了。有的父母本身就喜欢把金钱、名车、豪宅看作成功与否的标准，而男孩的心理还没有成熟，他的辨别是非的能力很差，他的价值观也取决于父母。父母是孩子人生的启蒙老师，日常的言行举止和价值取向都对男孩产生很大的影响。身为家长首先要为男孩树立一个好的榜样作用，正确引导男孩的消费观和价值观。假如家庭条件允许，孩子完全可以穿名牌；假如家庭条件不允许，绝对要对孩子的攀比行为加以限制，以防不良后果的出现。

"穷养男富养女"，片面地理解"穷"与"富"的概念是不可取的。对于穷和富的观念，会因为教育的是男孩还是女孩而有所不同。穷养男，是对父母自身期许的一种投资，也是对男孩的人生决策、职业发展相关的投资。"穷"养出应对人生的能力和本事，积极、有主见、有雄心、理智、自我依靠是最终结果。

美国总统西奥多·罗斯福的大儿子在20岁时去欧洲旅行，一个月的时间将自己身上带的钱都花光了。回国前他遇到了一匹特别好的马，恰好它的主人要卖掉它。他太喜爱这匹马了，就把自己最后的一点路费拿出来买下了这匹马。最后他给父亲打电报让父亲给自己寄点钱。但是他父亲回他电报说："你和你的马一起游泳回来吧！"儿子无奈之下只得卖掉了马。罗斯福非常不赞同男孩依赖父母生活，男孩要自食其力。

罗斯福总统训练男孩独立就是要穷养。但是现今中国的大中城市却出现了一批批的"啃老族"。他们并非是找不到工作，而是主动放弃了就业的机会，闲置待在家中，所有的花销都依靠父母，而且花得还很多。中国有句老话"富不过三代"。"富不过三代"到底说的是什么意思呢？台湾塑胶大王王永庆是这样解释的：

王永庆总是用"富不过三代"这句话来告诫自己，同时也教育子女。他觉得"富不过三代"就是后代总是享受，不愿意吃苦，缺乏危机感，只知道享乐，完全不懂得去艰苦奋斗。王永庆对这三代人进行了深刻的剖析：

第一代人，不怕困难，不怕吃苦，踏踏实实，在困难面前迎难而上，最后获得成功。

第二代人，即使没有经历创业的艰苦，但是看着父亲的艰辛，还可以勤于自勉，努力工作，但是若和第一代人来进行比较，比不上第一代人用功和吃苦的程度。

第三代人，创业的艰辛对于他们来说是很遥远的事情，他们从不吃苦，也不了解到底何为苦，只知道贪图享乐。如果坐吃山空，不懂得珍惜的可贵，时间久了，家境自然衰败。

再富也要穷孩子是"富不过三代"给父母的启示。在当今竞争如此激烈的社会中，一定要让男孩理解，富裕的生活都是依靠自己的双手获得的，自己不去奋斗而在父母提供的生活中享乐是害了自己。再富裕的家庭也不可以让男孩知道家里面很有钱，这是很关键的。

悉尼一家妇产科医院曾经出现过这样的场景：一对夫妻来做二胎产前检查，妻子进诊室让医生诊查，丈夫就带着儿子去外面等着妻子。一会儿，儿子闹着要喝水，于是孩子父亲便在旁边的自动售货机上顺手扯了一个免费纸杯，去卫生间里面给儿子接了一杯水（自来水经过净化，可以饮用）——孩子父亲不是买不到饮料，自动售货机正出售的可口可乐和橙汁才一元，而且他不是没钱负担这个饮料，据说，他是年薪15万澳元的体育用品公司的主管。

上面例子里的父亲很好地诠释了穷养男孩的理论。他的做法是值得每个家长学习的。

男孩更要学会尊重他人

男孩想要在社会上立足，那就需要有勇敢坚强的一面，但是一定要让孩子学会尊重他人，这才是男孩的立足之本。唯有学会尊重他人，才会得到别人的尊重。

根据马斯洛提出的理论：尊重是人性中的一个很高等的阶段。人人都希望能够获得别人的尊重。然而想要从别人那里获得尊重的话，首先要懂得如何去尊重他人，学会理解和沟通，这也是一个人文化教养的重要组成部分。

在和人们交往的过程中，自己怎么对待别人，别人就会怎么对待我们。与人交往的过程中，不管对方的社会地位如何、长相美丑如何，我们都要尽可能地尊重对方的选择。一定要让别人感觉到你对他的真诚，以此来让别人得到心灵上的满足。

强强是个不懂得尊重他人的孩子，他总在别人的面前表现出一些难以抑制的不尊重行为，对周围的亲朋好友表现得十分冷淡，总是嘲讽他们。例如，当看见别人的衣服上面有个泥点的时候，他也会很坏地摆出一些不尊重别人的动作。这让家长既气愤又无奈。这便是我们所说的以自我为中心的情形。因为现在的孩子大多都是独生子女，家长过于溺爱，小孩子总是容不下他人，心中更不懂得如何尊重别人，这种情况便是需要家长的正确引导。

懂得尊重他人是一种美德，更是一种情操。只有很好地尊重别人，才可以让别人也尊重你的存在。因此尊重别人其实也是尊重自己。我们的现实生活中，每个人都有着很强的自尊心。当我们平日里与亲朋好友交往见面时，我们一定要学会尊重别人。就算朋友有做错的地方，我们也应该体谅他们。在交往的过程中，只有相互之间有所理解有所帮助，人与人才能够和睦融洽地相处。如果不这样做的话，你周围的朋友便会越来越少。总而言之，多尊重并理解别人，你才会活得灿烂。

现在家庭里的独生子女总是以自我为中心，不去尊重别人，只是做自己舒服的事情，想到什么便去做什么，所以，教育孩子懂得尊重别人十分重要。

方法一：父母是孩子生活中的榜样

在平日的生活里，家长便是孩子的一面镜子，父母应该时刻给孩子做出一个良好的表率，见到他人时一定要主动去问好，并且教会孩子如何做。不去打断正在说话的人们，与此同时也要注意倾听，为孩子树立良好的榜样。

方法二：让孩子在细节上表现出对别人的尊重

有些小男孩由于家长的放纵溺爱，他们平时很邋遢、不讲究卫生。假如孩子衣冠不整的话，不仅仅会影响到自己的形象，更是对老师的不尊重。在和别人交流的时候不要总是跺脚，当和长辈对话的时候，千万不要跷二郎腿，在开心的事情发生的时候不要说一些丧气的话，别人如果遇到伤心的事情的时候，千万不要表现得过于开心。上面的这些生活琐碎，从小便要让孩子有着很好的学习习惯。

方法三：尊重男孩的权利

孩子平时的课余生活、业余爱好，父母可以建议孩子怎么去做，但是不要左右孩子的思想。同样的，在学校的时候，孩子也同样不能够影响其他同学的生活，假使孩子自己不认真学习，并且还去打搅别人，这就是不尊重他人的表现。

培养男孩学会换位思考

有一天下午，我的儿子正在和院子里面的小朋友玩耍，游戏规则很简单，只是绕着花坛奔跑六圈，之后拍下一个小朋友的手，然后第二名才开始跑。开始大家都很遵守规则，但是一段时间后就开始不听指挥了。我儿子是个很机灵的小孩子，看见前面的孩子跃东跑远，便开始紧追着跃东的脚步。但是由于他的动作太迅速了，一不小心便踩到了别人的脚，两个孩子都摔倒了。

他立刻跑过来对我说："妈妈，刚才他撞我。"我心里很不平，分明是他自己的错误，却总是怪罪别人。我忍着怒火问道："为什么他会撞到你呢？""因为他迈步子太慢了。"他快速地回答了我的问题。"那你拍手了吗？"我问道。这次他不再说话，我赶紧趁热打铁："假如你是跃东，别人没有开始游戏你便已经开始了，你认为这是谁的错误呢？"孩子听后，觉得是自己的错误，便赶快和别人道歉，这样事情就平息了。

现在的孩子几乎都是独生子女，很多男孩心中想的多是自己而不是别人。所以家长应该教会孩子换位思考。每当事情发生了之后，让孩子有一个不一样的立场，事情便会迎刃而解。

有这样一个故事：

有一个孩子住在杂货店附近，他每天都看到大人将钱给老板，然后拿回自己需要的东西。有一次他心中有了一个念头，拿一颗石子去换糖，杂货店老板毫不犹豫地接受了小孩的石子，把糖果给了小孩。店老板并没有依靠自己的成人想法来看待这孩子，而是从这个男孩的角度出发，维护了孩子的尊严，这件事情让孩子一直记在心中。

父母一定要确认自己在孩子心中的感受和位置，并且体验他们的感受，这便是换位思考。这样做可以帮助家长了解家庭教育里面存在的问题，以便解决遇到的问题。与此同时家长要孩子用另一种角度来看待问题的严重性，从而获得全新的理解，做出一些体贴孩子的行为。我们要从孩子的身上看到自尊的重要性，一定要学会换个角度看问题，要不断地从失败中总结经验，产生创造性地变迁。

男孩自己心中的想法通常都是在被父母教育之后改善的。为了让男孩能够健康地长大，需要在孩子的心里种下爱的种子，只有情感在心中生根发芽的时候，他的心里才能够装得下别人。

方法一：让男孩清楚自己的位置

孩子在 3~4 岁的时候，便要让孩子在自己的心中为别人留下一个重要的位置。例如有了好吃的东西千万不要让孩子独享，一定要让孩子明白分享的含义并且能够与他人分享。

方法二：让男孩学会换位思考

男孩之所以总是按照自己的想法做事，是因为他不知道自己的想法会不会给他人带来一些负面的影响，让孩子从别人的视角上来看待问题的严重性，并且要学会换位思考。

第二章

好妈妈决定高情商成功男孩

阳光未来丛书
培养高情商聪明优秀男孩

YANGGUANG WEILAI CONGSHU
PEIYANG GAOQINGSHANG CONGMING YOUXIU NANHAI

妈妈的教育决定孩子的一生

从事教育研究的王东华教授在《发现母亲》中提过这样的观点："对于母亲的依赖是人们精神能够一直存在的基础，同样也是人类扩大自己领土的根据，人之所以会有信仰，都是母亲信仰的一种延续。"这句话特别在理，母亲所给予孩子的动力是无穷大的。

那些自信阳光以积极心态面对生活的孩子，他们都拥有一位疼爱他们的母亲。父亲的爱总是表达得特别的含蓄和深沉，他在潜移默化里便会给予孩子一些品格。但是母亲的爱却把这种热情深深地激发出来，将其发挥最大价值。女人天生具备的一些特质，令母亲更加喜欢赞美孩子、时时刻刻关注孩子一些细小的情绪变化、关心孩子是否开心等。父亲会让孩子感到勇气，但是母亲是让孩子更加深刻了解这种品质并且与孩子形影相随的守护神。

春秋战国的王孙贾，15 岁便进入朝廷侍奉齐湣王。淖齿谋反并且行刺了齐湣王，王孙贾胆识过人却不敢声讨淖齿。他的母亲了解到这一切，很是伤心。她便对儿子说："你早出晚归，我都在家门口等你，假如你回家特别晚，我就担心地去外面等你。你是国家的臣民，怎么可以在大王生死未卜的情况下，心安理得地回来？"王孙贾听后感到十分羞愧，于是他马上号召群众讨伐，大部分人都积极响应，最终讨伐以胜利告终。

有人不明白如何去教育孩子珍惜人生，用积极的心态看待人生。其实，如果自身是个积极进取的母亲，那么孩子自然也会拥有阳光般的心态。孩子对人生一切感受和领悟，都是从母亲身上得到的。也正是如此，妈妈们才更有信心去改变自己，进而提升自己。

我国台湾著名的漫画家几米画过这样一本漫画，名字是《我的错都是大人的错》，这里边有很多金玉良言，非常深刻地剖析出现代家教的矛盾：

有的父母特别爱教训孩子："吃得苦中苦，方为人上人。

但是他们最后吃尽了苦头，为什么没有变成人上人……"

"大人总是喜欢夸大其词，

可是总是要求孩子做个诚实的孩子。"

"所有的孩子都喜欢夸大其词，

却说他们的爸爸从未吹过牛。"

"大人经常对孩子说：要一直坚持自己的梦想。

为什么最先放弃梦想的却是大人？"

这些非常简单的话语，却让大人无话可说。家长总是喜欢做一些相互矛盾的事，说法与行为很不一致。每个父母都想有个让他们感到自豪的孩子，几米道出了真实想法：我明白我从来都不是个完美的孩子，你们也并不是完美的父母，我们必须学会相互容忍，不论如何艰辛都必须要坚强地活下去。

大多数孩子的不完美都有父母身上的影子。例如妈妈经常觉得孩子没有自尊心，不懂得害臊。是否是由于他的自尊心在父母那里受到特别严重的伤害形成了"抗体"？又或者是他们无法从大家身上获取尊重，从未体会过自尊到底是个什么东西。反映在孩子身上的种种问题，实际上全都是大人的行为的一个映射。

妈妈和孩子的相处时间是最多的，对孩子造成的影响也是很大的。妈妈总是说孩子不爱读书，可是她自己却也不喜欢读任何书。

开家长会时，假如让家长随便坐，总是会看见家长都是喜欢往后坐，即便前面有很多空位置。很多家长迟到，没准听到一半的时候就走开了，在听的过程里从来没有记笔记，又或者是非常大声地打断老师说话……

孩子的第一所学校便是家庭，母亲便是孩子的第一位老师。家庭教育会在孩子身上留下印记。孩子身上的那些错误，可能是家庭造成的，也可以说是母亲的错误。因此，母亲要想教育出最棒的男孩，就要把自己培养成"全才"的妈妈。

做身体力行的好父母

妈妈带儿子去动物园的途中发现了一份报纸。儿子望向妈妈，想知道是否应该捡起来，可是妈妈就像完全没有看见一样走过去了。车来了的时候，妈妈抱着儿子拼命往上挤。大家把目光都望向这对母子，妈妈却继续说道："不要挤到孩子，给孩子让个座位。"

这次的旅游在孩子的脑海里留下了深深的印象，而这印象并不是动物园的小动物，而是周围人异样的目光。家长同孩子出游，实际上是一件特别开心的事情，本可促进感情，也可以让孩子更好地去接触社会。但是家长不顾及社会道德，这对孩子的负面影响是相当大的。

一方面，家长的做法在很大程度上否定了孩子自身的文明礼貌的观念。另一方面，家长的言行让孩子感到无地自容，这也伤害了孩子的自尊，同样家长的形象在孩子心中马上就降低了。

其实完全可以换个方法来处理他们遇到的问题。

当看到地上的纸屑时，用手去捡一下能够脏到哪里去啊，妈妈说："有人不小心把纸屑掉到地上了，我们完全是可以捡一下的。"语毕，便拉着孩子的手，共同把垃圾扔到垃圾桶里面。

看见众人都在排队等候着，妈妈说："你看大家都排队等了很久了。我们要继续排队上车，假如没有了座位，大家相互借力站好。"

对于那些不礼貌的行为妈妈要善意地提醒，让孩子从小养成文明礼貌的好习惯。所有的美好品德都是建立在自尊心和羞耻心之上的，即便是小小的荣誉，也可以让孩子在很大的程度上感到自豪。

大多数人都认为孩子的素质是由父母影响的，的确，对孩子影响至关重要的是家长的素质如何，这并不是基因遗传决定的，而是在生活点点滴滴中学到的。

　　"遗传"仅仅是指将基因遗传给孩子。遗传最直接的就是在生理上的遗传，比如外貌和一些家族病。对于孩子的心理来讲，遗传的影响力并不是很明显，心理遗传在整个遗传学中还未有一个完全的体系，这也就说明了，没有人能确切地说父母的性格、素质等会遗传给孩子。但是大多数的遗传学家和教育学家都认为：家庭的氛围对于孩子来讲有着至关重要的作用，父母的一言一行对孩子的行为和习惯有着很深的影响。

　　孩子整体素质形成最重要的时期是0~6岁的时候，既然遗传对于孩子的心灵并不是重要因素，父母一定要振作起来，用实际的行动去培养一个将来的绅士。

以身作则，让男孩"不令而行"

　　常言道"父母是孩子的第一任老师。"那么，怎么做好孩子的第一任老师呢？

　　晋朝人陶侃的母亲是新干人湛氏，被尊为中国古代"四大贤母"之一。陶侃小时候家里很穷，湛氏很注意对他品德的教养。后来，陶侃做了一个小吏，有一次他利用负责管理鱼塘之便，弄到了一坛好的咸鱼，让人捎给了母亲。陶母见后，立即封好了咸鱼，派家人原物送回，并写了一封信责备他说"你作为一个官吏，却拿了公家的财物给我，不但不能使我满意，反而增加了我的忧虑啊！"此后，陶侃牢记母训，清廉正直，忠于职守，后官至征西大将军、荆江两州刺史、都督八州诸军事等要职，成为东晋初期的重臣之一。

　　没错，孩子行为习惯的培养并不只是大脑思考的过程。他的感受的源头来源于父母，最重要的便是妈妈的行为。妈妈有着怎样的言行举止，他便会感受到怎样的家教，肯定会自然而然流露出来。

　　古人常说："其身正，不令而行；其身不正，虽令不从。"只要妈妈自己做好孩子的榜样，不需要要求孩子，他们也会跟着效仿；相反，假如妈妈自己都做不好，但是却要求孩子做好，哪怕妈妈吼破喉咙也没有用，他听了也不会服从的。因此，只要妈妈了解到这点，根本就不需要对他大吼大叫，把重点放在规范自己的行为上，便可以了。

方法一：务必要重视身教的力量

教育学者马卡连柯曾说："切记不要认为与他们沟通才是教育孩子。生活中家长无时无刻、无处不在教育和影响着孩子。无论你们怎么穿衣，如何和别人交谈，怎样和别人相处，你们都会表现出欢喜和不愉快，怎么样对待你们的朋友或者敌人……全部的一切都和孩子有着很大的关系。"的确，身教是最直接的教育方法，同时也是最有利和最有效的方式。

一个小学三年级的小男孩十分热爱读书，假如一天读书的时候没有两个小时，他便会觉得不自在。原来他的妈妈便是很热爱读书的，妈妈每天在闲暇时间都会读书。虽然她没有强求孩子读书，潜移默化中男孩也变得特别地爱读书。

与之相似的例子数不胜数。一有时间就读书的家长，根本不用时刻监督孩子，他会很自觉地去学习。因此，教育的真谛便是榜样。既然如此，妈妈务必要把"吼叫教育"变成"榜样教育"

方法二：帮男孩建立正确的人生观

小刚是一个喜欢恶作剧、喜欢给别人起外号的孩子，大家对他都很反感。原来，他妈妈在称呼邻居和同事的时候，全都是用外号代称，不叫对方的名字。所以孩子也跟着妈妈一样给班里的同学起外号，是再正常不过的事情了。

男孩在成长的过程里，对好坏和是非没有很明确的认知。他并没有较强的是非判断能力，不知道什么事该做、什么事不该做。他看到妈妈说了、做了，就觉得应该是合理的，他的人生观和价值观都体现在言行举止中的。

假如妈妈是个爱撒谎的人，孩子必然不会诚信做人；假如妈妈不懂得孝顺父母，那么孩子也是不会孝顺妈妈的；假如妈妈特别喜欢吼叫，那么孩子说话也不会慢条斯理……因此妈妈想让孩子成为什么人，自己一定要成为那样的人。

给男孩创造一个利于成长的家庭氛围

"家庭氛围"是一个无形的东西，每个家庭成员都生活在这种氛围下。假如把孩子比喻成一个小树苗，则家庭氛围就像是孩子赖以生存的土地一样，妈妈需要经常给土地浇水施肥，小树苗才可以长大成材。

那么家庭氛围最关键的制造者是谁？便是孩子的家长。妈妈要怎么去营造家庭氛围呢？便是通过自己的一言一行。假如妈妈经常吼叫，家庭的气氛就变得令人不舒服，男孩也会感觉很压抑。如果妈妈总是温柔小声地说话，家庭就会是一片温暖和气的氛围，男孩也会觉得很轻松。因此，男孩除了在家中茁壮成长外，精神的营养就来自于这种无形的环境当中。

假如因为吼叫而破坏了家庭和谐的氛围的话，男孩便有了不愿意回家的想法，这是个危险的想法。注意一下社会现状，那些不好好学习、行为习惯差的、最后走上犯罪道路的，大多数都是因为家庭环境不好导致的。

家庭环境对男孩的深深影响，不仅仅是体现在生活、健康方面，更多的是表现在情感、品德等方面。因此，请妈妈们用伟大的母爱让男孩感受到家庭带来的温馨。

方法一：与家庭成员保持良好的关系

南南的爸爸对南南母子关心甚少，妈妈为此很不满。两人经常在半夜里吵架，两人的吵架声音把南南吓得躲在被窝里面哭。

每次爸爸妈妈吵架过后，南南都没有办法集中精力学习。并且，妈妈也会因为心情不好莫名其妙地向南南发脾气，这更加使南南觉得家庭没有给他带来任何的温馨。

一个女人结婚之后，要扮演着多重的身份，要与许多不同角色的人打交道，这里面总是会产生各种各样的摩擦。但是，假如妈妈考虑到家庭对男孩的影响，就必须要用沟通的方法来解决问题，互相包容、互相尊重。

武力是解决不了任何问题的，并且会让矛盾更加激化。在家庭矛盾这场没有硝烟的战争里面，妈妈轻易忽略的、最容易受到伤害的便是孩子。因此，为了给孩子提供一个健康成长的环境，请家里人一起努力为他们创造出一个温馨、舒适的氛围。

方法二：给孩子一个安静的学习环境

感情中有一种宣泄的方式是大吼大叫，但并不是所有吼叫都是出于愤怒，当妈妈激动、开心时也可能会吼叫的。但是不管是怎样吼叫，都不能使男孩的内心平静，因此，妈妈应该为男孩创造一个平静温馨的环境。

高女士是一个好客的人，她邀请来家里的朋友不是大声喧哗、打麻将就是唱歌，孩子根本没有安静的环境学习。直到聚会结束，儿子才能好好写作业，可是却已经学不进去什么东西了，因为已经是睡觉的时间。所以，儿子总是因为无法完成作业在学校被老师批评。

不久，如果高女士再邀请朋友来家里，儿子便放弃了写作业，和大人们一起玩。他的学习成绩直线下滑，期中考试竟然考了倒数第一。高女士对孩子十分愤怒："你太让人失望了，怎么这么不争气？"

孩子为什么不争气呢？原因是妈妈没有给他提供一个舒适、安静的学习环境。既然妈妈那么重视他的学习成绩，更应该为他创造一个优良的学习环境。假如孩子学习的时候，家长制造很多噪音，或者像高女士那样邀请朋友来家里聚会，孩子的成绩必然会受到影响。是因为家长孩子才受到了影响，又怎么能把责任都归结给孩子呢？

所以，只有妈妈想尽一切办法为孩子创造一个舒适、安静的学习环境，他才会有精神去吸收精神食粮，才会有良好的品格，才能更好地学习，进而长成一个优秀的男子汉。

有意识地去锻炼、培养优秀男孩

在教导孩子方面，中国曾有这样的名言："从来富贵多淑女，自古纨绔少伟男。"这是我国千百年来的育儿经验，简单来讲就是"穷养儿子富养女"。"穷养儿子富养女"不仅是家里的育儿经，还是一种具有科学依据的教育措施。父母也可以根据孩子的不同性别，进行不同方法的教育，以此来培育出优秀的人才。

孟子曾说："天将降大任于斯人也，必先苦其心志，劳其筋骨，饿其体肤，空乏其身，行拂乱其所为，所以动心忍性，曾益其所不能。"孟子觉得只有真正经历过艰难坎坷的人，个性品质才会得到锻炼，才会有一番大作为，唯有穷养的男孩才能体会出富有的珍贵，才知道如何珍惜现在的幸福生活。

穷养男孩实际上就是"苦其心志，劳其筋骨"，只有这样，男孩才能够承担自己应负的责任。

曾经有位母亲有过这样的迷茫：

儿子已经七岁了，他小的时候我工作很忙，平日里都是爷爷奶奶、外公外婆在帮忙照顾他。

家里的经济条件不错，家中长辈极为宠爱他。而且儿子又是家里六代单传的独子，爷爷奶奶更是特别地溺爱他，什么要求都满足他，这便慢慢地让孩子形成了不讲道理、过分要求别人、具有很强的依赖性、难以面对挫折的种种坏毛病。

在儿子上幼儿园时，老师就曾向我反映孩子的占有欲太强，遇到小困难也要老师帮忙，时常欺负其他小朋友。

听了老师的话，我将这些问题直接反映给了孩子的爷爷奶奶和姥姥姥爷，他们也认识到溺爱孩子是不可取的，所以我决定换一种方式教育孩子。但是孩子依赖性太强，有一点不开心，就哭闹没完，我心又软，对于怎样教育他，我真是不知所措了，真不知道我儿子还能变独立吗？

孩子没有超强的抗挫能力，依赖性很强，全是祖辈们长时间给娇惯的，孩子的这点毛病也并不是没办法改正，若是方法正确、得当，也可以让孩子改掉身上的这些缺点。

说得明白一点，要改掉孩子的这些坏毛病，有几种方法供家长朋友们选择。

方法一：让男孩克服依赖的心理

上文中的男孩之所以会有那么强的依赖性，最重要的原因就是双方老人都帮孩子把问题给解决了，长此以往，将会导致男孩心理体验的严重匮乏，只要遇到不开心的事，他都觉得很苦恼，于是便会产生退缩的情绪。因此，挫折教育的第一点就是让男孩摆脱依赖性。

例如，男孩一定要解决自己遇到的麻烦，长辈千万不要帮他完成本该他做的事情，孩子养成哭闹的习惯，是因为以前总是会有人给予帮助，从而出现定势思维。当孩子再次遇到这种状况时，父母完全可以对孩子置之不理，等他哭久了，就会知道哭是没有任何意义的，于是他便会学着主动解决问题了。

让孩子克服依赖的心理，才能让孩子在遇到困难的时候自己解决，这样才能够培养他们勇于面对挫折的果敢精神。

方法二：利用家长"自制"的困难来提升男孩的受挫折能力

在没有困难的时候也要制造困难来让孩子解决。在男孩的生活和学习中，父母可以根据所处的时间和环境制造一些问题，让男孩自己来想办法，依据自己以往的生活经验，去解决问题。这对提高他们的受挫能力也不失为一个好办法。还有一位妈妈在遇到类似上述问题时是这样解决的：

有一次带孩子去公园玩，刚进入公园，妈妈对孩子说一旦找不着对方，她会在公园的南门等他，男孩十分认真地答应着。在即将回家的时候，孩子的爸妈故意与孩子走散，妈妈到南门等孩子，而爸爸则在离男孩不远的地方悄悄看着他，防止孩子出意外。最初男孩看上去特别地慌乱，找了好久之后，就在他着急要哭的时候，他瞬间想起了什么，于是他立刻跑去南门，结果找到了在那里等候的妈妈。

方法三：利用榜样的作用，加强男孩的抗挫折能力

大多数男孩都十分热衷于英雄事迹，因此，家长一定不要错过这个机会，要经常给他们讲述一些大英雄是如何战胜挫折，走向成功的故事。让男孩积极主动地学习他们的抗挫折精神。

方法四：多鼓励孩子，培养男孩的顽强意志

男孩只有得到鼓励，才能在困难面前战胜挫折，才能拥有自信心和安全感。所以，家长一定要鼓励和肯定孩子，多给他们一些鼓励和支持。

尽管锻炼男孩的坚强意志是男孩成长中不能缺少的一部分，可是在这个阶段中，家长一定要谨慎地提出要求，依据孩子的年龄、兴趣进行培养。反之，就会对男孩的心理造成一定的压力，反而不利于男孩的健康成长，这样就会与家长的初衷相矛盾。

家长要有意识、有原则地去锻炼男孩的抗挫折能力，鼓励他们勇敢地面对挫折、战胜挫折，长此以往孩子必定能在大风大浪中力挽狂澜。需要注意的是，男孩的抗挫折能力并不是一朝一夕产生的，而是一个长时间积累的过程。这要求家长不但要掌握一些技巧，还要长期坚守一个态度，这样才能不停地积累各方面的经验和教训，之后再将它们运用到日常的教育之中，从而取得更好的教育成效。

从小·就给男孩一个强健的体格

由于家庭条件越来越好，很多孩子可能都会变成小胖子，这些男孩的体育成绩都十分令人担忧，很多体育项目他们无法参加，时间长了，肥胖的男孩极易出现自卑的心理。

看下面这位母亲的做法：

我家经济条件一直很好，儿子一出生就比别的小朋友壮实。刚上小学的时候，他越来越不开心，经过了解才知道，竟是因为孩子行动太慢，在学校里不能参加他喜欢的乒乓球运动，只能学习自己讨厌的项目，这让孩子特别难过。我明白了这件事情的严重性，就开始让他减肥，让他进行体育锻炼，可每次锻炼的时候他总是会找出一些理由来搪塞："我肚子不舒服""我今天头疼""我还没写作业呢""我还有好多事情没有完成呢"。

大部分孩子都是懒惰的，除非他有意愿、有兴趣，否则他宁愿躺在床上休息或者上网玩游戏，也不愿意从事体育锻炼。

另一位母亲也有这样的烦恼：

儿子刚刚上小学三年级。刚放寒假的时候，用孩子的话说是终于"解放"了，能够无忧无虑地玩几天。我觉得儿子每天上学都很辛苦，应该让他多休息休息。但是一段时间之后，他就觉得很无聊，又因为天气过于寒冷，他总是开着电暖气。我特别希望孩子能够锻炼身体，但是他总是很懒惰，根本就不喜欢出去锻炼，我又没有时间管他，外面天气又冷，因而就没有限制他。

每天，他只会看电视或者上网玩游戏，可是他却说："妈妈，我觉得身体很疲惫，没有力气，也没有食欲，而且视力好像也下降了。"我最开始以为他就是小题大做，就没有在意他的话。

一直等到假期过了，我将他送去学校，才意识到不对劲。假期过后，班里面其他的孩子都长高了，只有他一点都没有变化。

很多家长也有这位母亲的困惑。可能是天性的缘故，男孩都很期待假期。可是假期真正降临的时候，孩子便会苦恼应该玩什么或者是怎么玩儿，因此，假期的大部分时间都是在家里度过的。因为没有在校的压力，又没有体育运动，很多孩子因为缺少锻炼而长胖，而且完全不遵循正常的作息时间，自身的生物钟都乱了，就会出现没有食欲、营养不全面、精神不济等现象。

方法一：父母最好能够以身作则，带动孩子一起参加锻炼

父母怎样才可以让这些懒男孩主动进行锻炼呢？

开始的时候，父母要起带头作用，多激励孩子去锻炼。目前，众多家长由于工作紧张与繁忙，觉得身心疲惫，特别在早晨的时候会睡到很晚，这就对孩子在潜意识里产生了不良影响。

竞争压力与日俱增，许多人都觉得身体疲惫，可是锻炼能够调节疲劳，减少不适感，假如每天清晨用 20 分钟的时间进行体育锻炼，这将对解除疲劳和摆脱压力有很好的作用，并且对孩子也会起到一定的榜样作用。

其实，家长可以和孩子一起制订一份有关假期锻炼的计划，让男孩做个真正的体育运动者。长久下去，不仅能够身强体健，还能够培养他的意志力以及自我控制能力。

方法二：试着从孩子的喜好着手

对于孩子来说，运动还是有很大帮助的。对于那些不愿意锻炼的孩子，要尝试着从他愿意做的事情着手，不用家长的督促他也会做得很好。而在家长暴力威胁下的孩子，对自己不喜欢的事情会产生畏惧心理。因此，父母可以从孩子喜欢的运动项目入手，培养孩子的兴趣，这样，能让孩子得到更好的锻炼。

下面是一位年轻妈妈的感受：

自从儿子生日那天，他爸爸给他买了游戏机之后，所有的健身计划都

被打乱了，儿子不再去晨练，连游泳班也不去上了，甚至取消了晚饭后的散步。看孩子这样，我真的很想把游戏机没收了，可是一个意外事件让我改变了想法。

一天，我和儿子外出，看见街舞的表演很精彩，儿子就像着了迷一样。我忽然有个好主意，以儿子的爱好为切入口，支持他跳街舞也许就能够让他有兴趣去锻炼了。然后，我从超市买回来舞毯，还没等我要求，儿子就迫不及待地跳起舞来了，他还向我立下军令状："一个月后，我能够和大街上那些专业人士较量。"此外，还主动跟我保证：每天都要练半个小时的街舞！这样，我再也不为儿子的运动量发愁了。

除此之外，还有很多方法可以使用，比如，利用男孩的竞争心理和他较量跑步；利用男孩爱玩心理，以游戏的方式来运动；利用男孩强烈的好奇心理，领他去游玩……

没有懒惰的男孩，只有不会引导的父母。如果父母能积极地开动脑筋，用心去考虑，那么，就算男孩有些懒惰，也会情不自禁地去做运动。

如何培养男孩更勇敢、更自信

以下是一位母亲在一个网站上给专家的留言：

你好专家，我儿子今年 6 岁半，读小学一年级。他自小就被我宠坏了，致使他现在每天都依赖我。每天我都要陪着他复习功课，每当我试着让他独立完成作业时，他总说不会，进而拒绝尝试。儿子不喜欢思考，每到测验的时候，没等考试就说自己肯定考不好，他一点儿都不自信。

此外，他还十分胆小怕事。都说男孩勇敢，但我的儿子却恰恰相反，在学校里面受了别人欺负就只会哭，晚上也不敢一个人在家，作为母亲，我很担忧。

男孩产生依赖性、没有自信、胆小怕事的原因，多半是因为平时父母的溺爱。家长出于对孩子爱的保护，为孩子操办所有的事，不允许孩子有任何的冒险行为，禁止孩子做这做那，长此以往，男孩便失去自信心，进而胆小怕事。

要让孩子养成独立、自主的性格特点，父母要花费一番工夫。家长的首要任务就是改变一直以来的习惯，将原有的富养改为穷养，让男孩能够得到更多的锻炼。

方法一：让孩子多动手

提倡男孩自己动手，缺乏自信的根本原因是动手不足。

有个男孩，已经上了小学二年级，却没有最基本的穿衣能力，每天清晨起床后，便会等着家长来给自己穿衣服。男孩不动手怎么会有自信？就算家长再怎么鼓励孩子，但是男孩不做任何事也无用。因此，想让男孩勇敢、自信，最重要的是要让孩子学会自己动手做事情。

方法二：孩子一定要鼓励才能取得成绩

一旦孩子自己动手取得了劳动成果之后，就算取得一点小小的进步，也要肯定孩子的成绩，这无疑是鼓励孩子动手的最好办法。

当孩子自己不能穿衣服时，父母便会心急地帮助孩子穿衣服，这种做法极不理智。假如你今天帮男孩解决了，明天仍然在帮他解决，那他一辈子也不会做这件事。正确的做法应该是让男孩自己动手做事情，就算他只有一点成绩，父母也应该鼓励他，这样会激发他的信心，会让孩子坚信自己会做得更好。

方法三：父母双方要共同培养孩子

现在的家庭，大多是母亲溺爱男孩，这样会导致男孩的恋母情结，就如上面事例中的男孩一样。男孩恋母情结是存在的，总是希望有妈妈陪着，希望妈妈能够无时无刻地给予他帮助。这种情况发生时，首先让父亲在一边替代母亲的角色，之后父亲再慢慢地脱离孩子，放手让男孩自己处理自己的事情，这样就会逐渐养成习惯。有一点要说的是，由于孩子的恋母情结并不是一天两天就产生的，因此，父母要有足够的耐心。

方法四：母亲要尝试放手

其实孩子胆小怕事还有另外一个原因，就是母亲无微不至地照顾，这使孩子有一种不愿意成长的心理，而且这种愿望是非常强烈的，家长要十分清楚这一点。所以，父母要放开手，让男孩自己做事。

正确理解男孩要穷养

"穷养儿，富养女"的教育观念流传至今，在多数家长心里更是深信不疑。与此同时，还存在着另一种观点——"不打不成才"。这两个概念经常被一些父母混为一谈，在他们的观念里一定要穷养男孩，犯了错误就应该责罚他，这样才能培养成好男孩。然而实际上这种理解是不正确的。

宇豪的爸爸是一家大公司的董事长，妈妈是公务员，她的家庭条件很是优越，然而宇豪的父母对他要求却十分严格。

宇豪小时候，只有母亲接送他两周，等他认识了路以后，家长便再没有接送他上下学。小学、初中、高中都是自己上下学，他的生活也很简朴，天天坚持坐公交车上下学，专心于学业，从来没有因为自己优越的家庭条件而觉得自己与众不同。

宇豪大学毕业之后，所有人都觉得他会到父亲的企业去担任要职，抑或是出国深造，但现实却让所有人都吃了一惊，没想到他居然被父亲安排去公司当一名普通职员。他爸爸对宇豪说："小豪，我从不认为你是一个没有理想的人，但是我担心你没有足够的刻苦精神，你不要认为父母可以依靠，你必须自己主动去吃苦，一定要磨炼自己的意志，接受生活中的种种挑战，这样才能成为一个对社会有用的人才。"

宇豪明白父亲所说的话，辛勤地在公司工作了四年，他学到的不仅是丰富的管理经验，还学会了为人处世之道，更锻炼了持之以恒的毅力。随后，他坐上了父亲的位子，大刀阔斧地对公司进行改革，父亲的企业被他推上了一个新的台阶。

由上述事例可见，父母对孩子的"穷养"之道十分高明，这使他们最终养育出了非常优秀的男孩。

当然，我这里所说的将男孩穷养的方法，不是要男孩吃尽各种苦头，也不是让他承受不必要的非人折磨，而是让男孩有更多的经验和锻炼，培养他们顽强、坚忍的品质，从而让男孩走向成功。

方法一：让男孩过点"苦日子"

葬送孩子的第一杀手是优越的生活条件。总是有人开玩笑说，孩子所享有的钱财，除了购回享乐、攀比、好逸恶劳外，还包括了囚车和监牢。

不可否认，许多孩子都生长在富裕的家庭里，家长会给孩子很多钱，孩子拿这么多钱不停地挥霍，但是太过奢侈的物质享受是不应该被给予的。

如果要让男孩进步，就要让男孩学会勤俭节约，父母应该让他过点"穷"日子。

方法二：让男孩体验失败感

这种"捧在手里怕摔了，放在嘴里面又怕化了"的爱子观，会导致男孩没有坚强的意志，心理不能承受压力，遇到不顺心或挫折很可能会走向极端。

挫折能够引发男孩大胆的精神品质，能够让他们懂得积极地面对遇到的困难。为人父母，让男孩遭遇挫折是必需的，并且应该鼓励男孩克服挫折并战胜它。

方法三：让男孩学会生活独立

"衣来伸手，饭来张口""万事包办"这些事是在教育孩子上所忌讳的。现在的男孩很少会做饭、洗衣、叠被，原因就是家里人过度溺爱导致的。

经常看到这样的场景：一个男孩去上幼儿园，爷爷抱着他，奶奶帮忙拿着书包，姥姥手里给拿着水果，姥爷给拿着玩具，这排场简直就像皇帝一样。

这样的男孩长大后如何接受社会的各种挑战？能够富有创造性吗？因此，要想让他们能够独立承担责任，那么就一定要从小做起。自己动手做饭、独立办事情也是必须学会的！

方法四：让男孩适当受点委屈

学会坚强是必需的。让男孩受点委屈，才能对生活有更深刻的认识。如果孩子做错了事，家长应当给予适当的批评和惩罚。如此一来，孩子感受过多种情感体验之后，逆反心理也就会慢慢减少，心理抗压的能力便会增强，这样更有助于男孩走向成功。

方法五：让男孩多些乐观和爱心

一个优秀男孩必备的品质是拥有乐观的心态和善良的爱心。因而，父母一定要通过不同的教育方法去教导孩子，抹去孩子心灵的污垢，清除孩子心中的自私，让孩子成为一个善良真诚、乐观开朗的人。

只有通过这样的教育，男孩才能成长为健康快乐、卓越优秀的男孩。

第三章

培养男孩的良好沟通方式

阳光未来丛书

培养高情商聪明优秀男孩

YANGGUANG WEILAI CONGSHU

PEIYANG GAOQINGSHANG CONGMING YOUXIU NANHAI

表扬也是一种沟通

"吃软不吃硬"是很多男孩的性格特征，所以在教育男孩的问题上，很多教育学家都建议采用"欣赏教育"的方式。陶行知是我国著名的教育学家，在他任校长期间，他曾经这样教育过一个男孩：

有一次，他在校园散步，看到一个手里拿着砖头的男孩正追着一个同学跑过来，他连忙制止住了这个男孩，并告诉他一会儿去一趟校长室。

男孩在他回到办公室前已经在那等他了。校长用一块糖奖励男孩比自己来得早，男孩惊讶地接过校长手中的糖。校长用第二块糖奖励男孩因自己的制止及时住手，男孩低下头并接过了糖。校长对男孩说："我已经了解过了，你之所以那样是因为那个同学欺负女生，这证明你很有正义感，知道帮助弱小。"于是奖励了他第三块糖。

男孩在这个时候哭了起来："校长是我不对，就算是他再不对我也不应该用砖头追着他。"此时，校长拿出了第四块糖："这很好，你能自己认识到自己的错误，这是奖励你的最后一块糖。我的糖都奖给你了，我们也该结束谈话了。"

教育家从头至尾没用一句批评的话语，男孩通过教育家的四块糖和四句表扬的话就认识到了自己的错误。由此可见，表扬的威力是巨大的。在生活中，很多家长都赞同这种赏识教育，并经常给予自己的孩子表扬，但是他们在试过几次后总会摇头说："这种方法不适合我家孩子。"果真是这样吗？那么这些家长都是用什么方式来表扬自己的孩子呢？

一位妈妈了解"赏识教育"后，决定改变之前的教育方式。对于儿子所做的事情，不论好坏，她都夸赞："儿子，你真是太棒了!"儿子被妈妈这突如其来的改变弄得莫名其妙。最后，男孩摸着妈妈的额头说："妈妈，你不会生病了吧?"

表扬是一种奇妙的教育方法，这个方法在那些顽皮的孩子身上最起作用。但是表扬更是一门语言艺术，更要讲究方法技巧，如果做妈妈的不分场合和事件，只是一味地夸赞男孩，男孩就会不知道妈妈在做什么。有的时候，过分夸赞甚至还会让男孩感到厌烦，"虚伪"便是男孩给家长下的定义。

表扬可以促进孩子的成长，适当地赞扬能够提升孩子的自尊与自信，甚至还能增强他们面对困难的勇气。那么家长在表扬孩子的时候有什么窍门呢？

方法一：了解男孩渴望关注和赏识的心理

在实际生活中，很多家长总是埋怨自己的孩子习惯不太好，比如和同学打架、不听老师话等。难道这些男孩真的以此为乐吗？事实并不是这样。家长通常会忽视孩子的好行为，比如孩子有时也会安安静静地在一旁和小朋友玩，有时也会做家务……但这些都不能像他们捣乱那样吸引父母的注意力。所以，有些男孩希望用捣乱来引起父母的注意。

身为家长，如果没有把表扬男孩作为一种习惯，可以从现在开始试一试，观察他做了什么，如果满意他现在的表现，那么就马上表扬他。表扬可以让孩子产生很大的变化，他的行为将会在表扬后发生巨大的变化，他也会做出越来越多让父母满意的行为，孩子不良的习惯也会随之减少。

孩子对表扬产生的依赖性是家长不必担心的，当你的男孩越来越令大家满意时，他也会感受到好习惯带来的乐趣，因此一定会自然而然地会把这些良好的习惯坚持到底。

方法二：从内心赏识你的男孩

"赏识教育"是要家长从内心欣赏自己的孩子，而不只是口头上的敷衍。对孩子来讲，也许他们并不了解父母是否真正欣赏他们，只要父母肯定他们的行为，对他们说"你是最棒的"，孩子就会很兴奋。对于那些年龄稍大的孩子来说，特别是男孩，父母真正的赏识才是他们需要的。如果父母并不是从内心深处赏识自己的孩子，只是做做表面敷衍而已，他们一定会觉得自己的父母在欺骗他们。这样对父母和孩子的沟通不但没有益处，而且很有可能会影响到父母与孩子之间的关系。

可能有的父母会说，自己的男孩很普通，没什么比别人优异的地方。这种想法本身就是错的。任何一个孩子都会有自己的优点和缺点，只要父母全面地了解孩子，孩子的优点都会被发现。只有当父母真正全面了解到孩子的优点时，才会发自内心地欣赏他。

方法三：表扬男孩的行为，而非他本身

某天，一位学者到外国朋友家做客，朋友家有个 10 岁的儿子，礼貌地拿出水果热情地招待他。男孩将一个苹果递给了他，这位学者很认真地对他说："你长得真可爱。"朋友在男孩回屋后很严肃地对他说："你必须向他道歉，因为你伤害到了我的儿子。""我这是赞美！怎么是伤害呢？"学者一脸疑惑。

"这就是问题的所在，你夸他的长相，这是父母给予的外在，不是他自己通过努力得来的。而他热情地和你打招呼，并递给你水果，你却忘了表扬他的礼貌待人。"朋友认真地说道。后来学者很认真地和男孩道歉并对他的礼貌进行赞扬。

在日常生活中很多父母也常常会犯类似于这位学者所犯的错误。假如你工作一天回到家很累，儿子帮你拿拖鞋并给你捶背，这个时候，你夸儿子是好孩子，倒不如换个方式来表扬孩子："你捶得很好，妈妈觉得轻松多了。有你这样一个孝顺的好孩子真是妈妈的福气。"男孩会因为你的话明白了孝敬长辈是一种美德，他也会因为这样感到自豪。

方法四：在他人面前表扬你的男孩

很多家长都会在别人夸奖自己孩子的时候说："哪优秀啊，这孩子顽皮得很。你的孩子多好，又懂礼貌，学习又好。"事实上父母的这种做法并不正确，因为孩子听到父母这么说时，他的心里会感到很失落，尤其对

于那些事实上很优秀的男孩。有的时候，孩子还会觉得自卑：与别的孩子相比原来我在父母的眼中就是这样啊。

事实上，在遇到这种事情的时候，父母完全可以在别人面前表扬赞赏自己的孩子。孩子会因为父母的夸奖而向着更好的方向去努力。在别人赞赏自己的男孩时，明智的家长可以这样说："孩子是通过自己的努力才取得这些成绩的，我们希望他能向着自己的目标逐步迈进。"此外，在他人面前来赞赏自己的男孩时，一定不要过度夸奖，避免孩子骄傲。

方法五：通过他人之口表扬你的男孩

小虎的叔叔是企业家，小虎把这位叔叔视为偶像。有一回，小虎从叔叔家做客回到家，妈妈随口说了一句："叔叔说你今天很有礼貌。""真的？"小虎一脸惊讶与兴奋。"当然了，我亲耳听见的。"妈妈回答。

后来，小虎总会和遇到的熟人打招呼问好、主动帮助他人……也越发懂礼貌了。妈妈察觉到了，每次小虎从叔叔家做客回家之后，妈妈都会悄悄地告诉他："小虎，叔叔和我说，你总是抢着帮忙做家务，都成了个孝顺的大孩子了。""叔叔夸你学习进步了，说你以后一定有出息。"之后每次小虎从叔叔家做客回来都会有不小的改变。

男孩在心里都有崇拜的人，借助他们来表扬自己的孩子往往会对他们产生很大的影响。男孩很看重自己的面子，尤其不能在自己崇敬的人面前丢面子。他们会因为偶像的一句话，而朝着目标努力，因此，像借助崇敬的人来表扬你的男孩这种方式，对孩子的成长能起到极大的推动作用。

父母要掌握批评男孩的技巧

那些喜欢折腾的男孩总会受到父母的批评。确实，在这些男孩的成长之路上总会不可避免的犯下这样或那样的错误。于是很多家长都习惯了批评自己的孩子："我早就跟你说过不让你这样做，你看，你总是不记得。""你房间怎么这么脏！""又把房间弄得这么乱，快去收拾干净！"

对于有逆反心理的男孩来说，责备、批评并不是最好的教育方法。

第一，过分地责备会使男孩对批评产生"抗体"，换句话说，孩子会对批评没有反应，这个时候，批评对他来讲根本起不到任何效果。

第二，孩子会因为父母的批评产生叛逆的心理，父母越告诫他们不让他们去做的事情，他们越要去做，而父母想让他们去做的事情，他们却偏偏不去完成。这样的教育结果是父母不愿意看到的。像这种情况，父母和男孩之间是根本不可能进行正常的交流沟通的，这样很容易使父母和孩子的关系恶化。最令人揪心的是，男孩可能会因为亲子关系的破裂而误入歧途，从而走上歪路。

但是有时批评也是可以起到一定效果的。对于孩子那些故意捣乱的行为，还要借助批评教育的方法来让他们意识到问题所在。因为家长如果不对他们进行批评教育，他们就不会有是非观念，所以，只有正确适宜地批评才能使男孩更快更好地吸取教训，从而健康快乐地成长。

赞美孩子是有诀窍的，同样，批评孩子也是有诀窍的。重要的是，要掌握批评孩子的时机。教育专家给出了下列五种情况，这五种情况家长是绝对不能批评孩子的：孩子在和你讨论某个私人问题时；孩子情绪激动没有表达清楚到底发生了什么事情时；孩子对某一件事情很兴奋的时候；孩子需要求得到别人的帮助来做出决定时；父母想和孩子交流某件事情的时候。在上述的几种情况下，如果父母批评了孩子，或者会极大地减退了他们做事的积极性，或者会伤害到他们的自尊心。因此，在批评孩子的时候父母一定要考虑清楚。

在教育孩子方面，一定要谨慎批评。怎么才能掌握好批评孩子的尺度呢？家长可以参考下面几种方法。

方法一：只批评男孩的行为，而非人格

在家长批评男孩的时候，要遵守这样一个重要的原则：那就是批评的

是男孩错误的行为，而非他的人格。大多数家长批评孩子的时候都会说这些话："你真是太笨了，只考了这么一点分数!""你这孩子一点都不诚实，总是满嘴谎言。""你就不能争气一些!"

帮助孩子改正缺点是家长批评孩子的目的。可是仅仅因为男孩的一次考试失误，家长就说孩子笨；仅仅因为孩子说了一次瞎话，家长就给他打上不诚实的"烙印"……如此，不但男孩会很难改正自身的缺点，反而还会认同家长的观点。也就是说，家长这种对孩子人格的批评会严重影响到他的成长。

那么，家长怎样做才可以使男孩的自尊心不受伤害呢？明智的家长会这样说："这回考试，你没有好好复习，导致这次没能考好，下次改正吧。""偷偷去网吧不是一个好孩子应该做的，好孩子要诚实，知道了吗?"

此外，建议性地批评孩子也是家长应该做到的，就是指当孩子自身的行为不正确的时候，家长应该采用建议性质的批评技巧来帮助孩子，把孩子的错误行为矫正过来。

假如孩子玩了一天没有写作业，家长应当采取这种方式来给予批评："我昨天很担心你，上网会影响你的学习不说，更会影响你的身体。你曾经答应过我不再这样长时间的上网了，你却没有遵守诺言。我希望你明天可以在上网前把作业写完。我相信这样做的话，你能劳逸结合更为优秀!"

上面的这段话，家长既能指出并纠正孩子的错误，又能给他们好的建议，同时话中又包含了对男孩的期望，激励孩子尽快改正自己的错误。相信男孩在听完这些话之后，一定不会再让家长担心了。

方法二：不要当众批评你的男孩

聪明的父母从来都是在别人面前夸奖自己的孩子，对孩子的错误进行教育时都是单独在家里。当父母在他人面前夸奖自己的孩子后，在大家的一番传播下，对他的影响会更大，他会因此增加自信，并有了一个目标，在随后的日子里，孩子会因想完成这个目标得到赞扬而更加努力。而当众批评孩子会让他们失望、无地自容，这样的话，家长对他们进行教育的工具也就没有了。这其中的道理需要父母认真想一想。如果男孩在众人面前毫无颜面可言的话，他们很可能会放弃自己的形象，以后也可能会做一些不好的事情，因此，当众责骂孩子是最不可取的教育方法。

方法三：要让男孩心服口服

对于批评男孩这件事，让他们服气才是最重要的。说起来简单，做起来难。怎样的批评是适度的批评，既能让他们领会采纳，又能让他们心里服气呢？

这是一位教育学家的观点：即使是在激动的情况下，父母也应该保持冷静的大脑和理智的思维，批评孩子的时候不能是在情绪不稳定的时候。这位教育学家说，父母教育孩子，一味地靠强制是起不到任何作用的，只有让孩子把他们心里的想法表达出来，他们才能反省自己，心里才会服气。

纠正男孩的错误，让孩子从心里认识到自己的错误，这位聪明的爸爸为我们提供了榜样。

一个周六的早晨，爸爸刚想让儿子安安静静地在家复习一下功课，没想到孩子却要和早已约好的伙伴一起踢足球。男孩这种不爱学习的态度，让爸爸很生气，但他抑制住自己的情绪把儿子叫到了身边，说要和儿子说两句话。

爸爸说："儿子，最近在学习方面好不好啊？"男孩说："不好。"爸爸说："一个学习成绩不优异的学生有什么脸面总想着玩？"男孩低下了头不再说话。爸爸说："我觉得这世界上，有三种学生，一种是只知道学不知道玩的，一种是只知道玩不知道学的，一种是玩和学都不耽误的。你觉得自己属于哪一种呢？"男孩说："第二种。"爸爸说："那你自己希望你成为这三种学生中的哪一种呢？"男孩说："当然是第三种了。"爸爸说："没错，爸爸也希望你是第三种人，但我相信只要我的儿子能够努力学习，很快就能够成为这种学生了。"

男孩不住地点头表示认同。不一会儿，他问爸爸："爸爸，那我今天还可以和小朋友出去吗？"爸爸说："怎么不能去啊，你和伙伴说好了，又怎么能失信于他们呢！"之后，男孩果然把大部分精力都用在学习上了。

让孩子从心里认识到自己的错误，只是一味地靠指责和批评是达不到目的的。家长必须要了解到各个年龄段男孩的心理，在必要的时候，家长还需要给男孩讲一些男孩觉得非常认同的东西，来让孩子从心里服气。

方法四：对男孩要赏罚分明

批评只是教育手段中的一种，它是通过一些惩罚性质的措施来实现的，把其中的道理教给孩子，以免下次再发生类似的事情。所以，批评并不是最终目的，而是一种纠正错误的手段。有赏有罚是家长在教育孩子的时候要做到的，不能言而无信，不然不仅教育目的不能被男孩理解，希望的教育效果也达不到。

一个男孩撒了谎，被妈妈发现了之后，受到了妈妈严厉地批评，男孩很伤心并且哭了起来。看到自己心爱的儿子这么伤心，妈妈又给她买了一个冰激凌来安慰他。

一位教育专家看到了这一过程后，问孩子的妈妈："你批评你儿子的原因是什么？""他撒谎了。"孩子的妈妈说。"那买冰激凌是为了什么？是在表扬他撒谎还是作为他伤心的补偿？"教育专家问孩子的妈妈。孩子的妈妈无言以对。要严格地按照制定规则执行，否则，以后制定的所有规矩都有可能会被男孩打破。

与他商量是最好的方法

如果父母告诉男孩："你一定要沿着这个方向走。"男孩却没有沿着父母给的方向走，而是朝另外的方向走。如果父母这样对男孩说："宝贝，在东面有个游戏场，我们想带你去那里玩，你开开心地玩还能锻炼身体。"这个时候孩子就会很高兴地朝着家长说的方向走。男孩"吃软不吃硬"的性格就是这样，他希望父母把他当作一个独立的小大人，希望自己的意见可以被父母重视。

斯宾塞是英国著名的教育学家，他说过："下命令这种方式并不完全适用于孩子，在其他方法都失败的时候才可以使用。要尊重孩子的意见，相互理解、相互尊重是两代人沟通的关键。和孩子之间的理解就是有什么事情的时候可以让他参与其中，并且一起商量办法。"

所以，为了让男孩尽快地茁壮成长，父母有时可以和孩子商量一些必要的事情。这样不仅能够避免一些发生在家庭中的不必要的争吵。最重要的是，它还可以教会男孩在社会上如何待人接物。

在孩子年纪还小的时候，妈妈就凡事和他交流沟通，听取他的意见，她最常挂在嘴边的一句话是："只有让妈妈高兴，妈妈才能给你买你想要的东西。"可是妈妈怎么样才能高兴呢，她会告诉儿子把身上的坏毛病改掉、经常帮助妈妈做些家务等这些事情都可以。

用这种方式教育孩子，会让小男孩从小形成一套属于自己的固定的思维方式。为什么这样说呢？那还要从男孩的一次"伟大"经历说起。

小勇是小亮的好朋友，他们是同班同学，所以小亮放学后经常去找小勇一起玩。妈妈对此开始担忧：两个活泼的小男孩在一起玩会不会把家里闹得天翻地覆，小勇的家长会不会因此感到厌烦？小亮的妈妈正在犹豫是否给小勇家打个电话，和人家说句对不起，可是小勇的家长先把电话打过来了，对方和善地对小亮的妈妈说："你家孩子真懂事，来就来吧，还帮我打扫家里的卫生，他经常在家里打扫卫生吧？"

等到孩子回来，妈妈把小勇家长夸奖他的话告诉了小亮，他红着脸说："妈妈每次答应我的要求时，都要在妈妈高兴的前提下。所以我就想要是能在小勇家高高兴兴地玩就必须要让他的妈妈也高兴起来，于是我就帮小勇的妈妈打扫家中的卫生。

瞧，这位家长并没有把如何和小朋友的家长相处的事情强加到男孩身上，可是男孩却在和妈妈的交流中，形成了一种属于自己的思维方式，然后在人际交往中巧妙地运用了。换句话说，他具备的这一能力是他能与父母协商这一沟通方式的功劳。

商量是妈妈与男孩之间相互了解、相互沟通的手段，可以让双方的意见都能被对方接受。商量使每个问题都打上了"尊重"的印记。那么，妈妈应该如何运用商量的方式来促进增进他们之间的关系，让孩子的成长更加顺利呢？

方法一：用商量代替命令的口吻

孩子因为玩儿忘记了时间，都已经很晚了还没有回家，他的妈妈在家里急得团团转。可是在回家后，妈妈并没有像这样不冷静地骂他："怎么玩到这么晚，以后不许出去了。"而是用了十分和善而平静的语气和儿子协商："宝贝，你这么晚回来，全家都在为你担心着急，以后放学了就早点回家好吗？"孩子听完妈妈说的话，红着脸吐了吐舌头对她说："妈妈，我错了，让你们为我担心了，我以后一定会早回家的。"

事实上，妈妈只是运用了与以往不同的说法来表达自己十分担心孩子的意思，同时也表达了以后要男孩早点回家的意愿。可是，假如妈妈用命令的口吻来和儿子讲话，即便孩子觉得是自己的错，他也不会服气并自觉地改正错误。可是妈妈却用商量代替了命令的口吻从而达到目的。因此，如果家长希望孩子完成一件事情，不如用商量的口吻来代替命令。

假如，你想让自己的孩子做作业，你可以说："是不是到了该去做作业的时间了？做完了作业还能看一会儿电视呢。"一定不要说："快去做作业！"或者"你怎么还在看电视呢？还不去做作业！"假如你想要孩子做一件事情，例如洗菜，这样说就比较好："儿子，能帮我把这些菜洗一洗吗？"一定不要说："把菜洗干净！"或者"快点把菜洗了！"协商的口吻对男孩来讲非常重要，这样孩子会觉得自己的感受受到了重视，从而亲近你、信任你，让你可以更好地和孩子沟通。

方法二：与你的男孩达成协议

如果你希望孩子改正错误，但是强制的方法往往不能达到预想的效果，父母在这个时候可以试着和孩子达成协议，例如用"约法三章"的方式来限制他的不良习惯。值得注意的是，男孩一定要从心里认可这个协议，否则会适得其反，达不到效果。

一天，爸爸带鸿鸿一起去商店，去之前爸爸已经和他商量好了，只是去商店逛逛，不买任何玩具。可是，在他看到了那个最新款的机器人变形玩具后，就想爸爸给他买一个，他说班里有一个小伙伴有一个这样的玩具。

玩具的价格是500元，差不多是他们一家人一个月的生活花销了。可是爸爸没有一下子否定孩子的愿望，而是对孩子说："爸爸也喜欢这个玩具，可是价格你知道是多少吗？"

"多少？"孩子问。"500块钱，相当于咱们家一个月的生活费了，要是现在给你买了这个玩具，那咱们一家人一个月都要饿着肚子了。你仔细想一下，要是早上没有牛奶喝，中午和晚上都没有饭吃了，你觉得可以吗？"爸爸耐心地讲给儿子听。

男孩想了想，可他仍然对那个玩具有些不舍。爸爸继续引导他："宝贝，要是你真想要这个昂贵的玩具的话，那你一定要做些事情才行。世界上没有免费的午餐。所以你也要做一件能让爸爸妈妈高兴的事情。比如你改掉了身上的坏习惯，爸爸就会用几个月积攒下的积蓄给你买这个玩具。"
"可以！"孩子听到爸爸这么说很开心，拉着爸爸的手离开了商店。

这位爸爸十分明智地与孩子达成了协议，在制止儿子见什么要什么的行为的同时，又让他形成了改正缺点的意识。假如孩子真的很想要这个玩具，他就能够为了这个心仪的玩具主动改正自己的缺点。孩子总会和父母提出很多要求，即便是要求不切合实际，父母也不要一口回绝，因为男孩需要一个过程来接受他不愿接受的事实。因此，协商是家长与孩子沟通的最好的方式，孩子会有一天明白自己的要求太不合实际了。

方法三：以商量的口吻处理亲子冲突

男孩经常会因为和父母意见不合而发生矛盾，这个时候，父母总是想要坚持自己的想法，并且总是以做父母的权威来压制男孩，想让男孩放弃自己的想法。事实上，父母越是这样男孩越不愿意听从父母的意见，反而会促生孩子的逆反心理，使亲子关系不断恶化。

发生冲突的时候，每个人都很注重自己的尊严，不希望自己被他人约束，而自尊心和叛逆心理强烈的男孩更是如此。所以，聪明的父母总会用商量的话语和孩子进行协商，让男孩知道父母重视他的感受，这样，男孩会相对比较顺利地接受父母的意见。

方法四：男孩自己的事情父母更要与他商量

随着孩子的成长，男孩会希望自己的意见受到父母的重视。他们往往会希望父母把他们当作一个独立的个体，让他们可以自己做某些事。因此，父母不能一直像对待孩子一样来对待他们，凡事都替他们处理，帮他们做决定。可是孩子会因为父母这样做而产生反感，进而不愿再与父母进行沟通。因此，聪明的父母即便是与男孩的做法有着不同的观点，传达给男孩意见的时候不妨试试用商量的办法，让他三思而后行。

例如，男孩每天应怎样穿着打扮、每天应梳怎样的发型、应该与什么样的人交朋友……父母只要适当地给出一点意见，其实并没有必要让他们依照自己的意愿去做。

假如男孩的支配权被家长忽视了，只是执意用家长的特权来约束他们，即使男孩表面上屈服了，他的内心也会逆反。长此以往，男孩心里并不服气，就更不会尽自己最大的努力去完成，也会影响到父母与孩子之间的关系。所以，一定要让男孩自己来决定自己应该做的事情，这时父母只需要把自己的经验与意见以协商的方式传达给男孩，让男孩全面地了解到问题就行。

与男孩谈心一定不能少

很多女孩都会有闺蜜，她们凑在一起就会说些自己的小秘密。而男孩则不同于女孩，他们表面上看起来是没有秘密的。然而，男孩真的不像女孩一样有小秘密吗？大多数男孩的家长总会觉得：男孩怎么会有秘密？实际上，家长的这种想法是错误的，因为表达自己的情感并不是男孩的长项，另外男孩都觉得自己面子很重要，即便是心里有什么秘密，他也不会表现出来，更不会跟别人倾诉。

身为父母，我们要知道，无法倾诉内心的情感是一件极其危险的事情。男孩会在他成长的时候遇到许多问题，这些事情多多少少的会对他的心理产生影响。男孩和女孩不同，不会把好玩的事情马上告诉给自己的父母，不会跟家长诉说自己的委屈，因此，作为男孩的家长，你不但要关注男孩的身体成长状况，更要指引他们将内心的情感宣泄出来。

那么，家长要如何做才能让男孩向他们倾诉呢？一位教育家说过这样一种教育方法："一旦孩子陷入困境的时候，父母与孩子谈心是非常必要的，帮助孩子要从心理的角度出发。"

谈心对于那些需要宣泄心中情感的孩子来说是一种很好的方法。可是很多家长都不能很好地掌握这种方法。

一个男孩曾经哭诉说："每次和妈妈吵架的时候，妈妈总是说'你觉得自己做什么都能做得很好了是不是？'每次妈妈说这话的时候，我都觉得特别委屈。"

的确，假如父母总是采用这种盛气凌人的态度来对待这些不擅长表达情感的男孩，那么，父母和孩子连正常的沟通都不能做到，还怎么能算是谈心。如此，对男孩的身心成长和父母间的关系，都会产生不小的影响。家长总是认为，孩子永远是孩子，总也长不大。可是大多数男孩，在很小的时候就希望父母把他当作一个独立自主的个体来看。事实上，家长在这个时候就可以把孩子当作成人来看待，并用成人的方法和孩子谈话，而并不是采用一种家长高于孩子的方式进行谈话。

一个和爸爸关系很融洽的男孩被一位教育学家问道："你觉得你爸爸哪一点最好？"男孩立刻说："老爸幽默风趣，就跟我身边的朋友和伙伴一样，所以我每次都有很多话想和他说。"由此看来，父母想要听到孩子的心里话，只有把自己的姿态摆正，才能轻松地和男孩交谈。

父母通常会有这样一种观点：与男孩交流要比和女孩交流要难得多，谈心就更不用说了。事实上，这样的心理是家长不必要有的，只要端正自己的态度，找到适合的时机，和孩子谈心没有想象中那么难。

方法一：把握与男孩谈心的机会

对孩子的认真倾听是谈心必不可少的。谈心过程中，孩子会用心灵与父母谈话，竭尽全力做到父母所要求的。所以，家长不要打断正在专心做一件事情的孩子，否则孩子会因此厌烦父母。在谈心的时候，即使孩子在父母的强制下，与家长面对面而坐，可是孩子的心思还在刚刚强制结束的事情上。因此，只有父母掌握好与男孩交谈的时机，交谈才能真正地达到目的。

那么，什么时候才能算是父母与男孩交谈的最好时机呢？通常来讲，家长会之后孩子总会急于和父母谈心，这个机会如果家长可以好好把握，可以了解男孩更多的想法。

一个平时不注重自己学习的男孩，考试考得很差。他惴惴不安地等待着家长会后妈妈的批评。但妈妈从家长会回来之后并没有大声地责备他，还很温柔地对他说："我在家长会上很羞愧，可能是我平常很少关心你，我真的希望能帮助你找出失败的原因，期末的时候你要加油。"

男孩在妈妈说过这些话之后，有些大吃一惊，他主动认识到自己的懒惰行为，而且发誓今后一定努力改正这些坏习惯，好好学习。

俗话说：机不可失，时不再来。珍惜与男孩谈心的机会，那样会得到更好地沟通。

方法二：让男孩放下戒备心理

在父母主动和男孩聊天谈心的时候，男孩通常都会有抵触的情绪。所以，这就需要父母采取某种方法让男孩放下戒备，这样才能使谈心起到作用。假如"我们来谈谈吧"是父母作为与男孩面对面的第一句话，男孩就会想："又来对我进行思想教育了。"

如果父母教育男孩是这种态度："你真是个笨蛋""该好好教育教育你了"……类似这些话，男孩的心理戒备只会提高。所以，当孩子和父母的意见相悖时，父母可以采用"冷处理"的措施，先停止对这一话题的谈论，把话题转移到别的方面去，这样孩子的戒备才可能放松，并顺利而轻松地继续谈心。此外，父母要具备足够的耐心才能引导孩子说出自己的心声。不能让孩子感觉父母在约束自己，因此不愿意和父母谈心，因为那样会适得其反。

方法三：当男孩失败时与他谈心

男孩在成长过程中会遇到很多问题，他们经常会陷入困境，虽然困难可以使男孩更快成长，但毕竟会给男孩带来消极的影响。家长要在孩子遇到挫折的时候和孩子谈心，及时帮助他摆脱困境。长时间下来，家长的这种做法就会在无形中赋予孩子坚忍、勇敢、不屈不挠的性格。

男孩因为过度紧张而忘了演讲大赛的台词，出了丑不说，还不得不退出了演讲大赛。男孩为此很难过，很久他都摆脱不了失败的阴影。

男孩的爸爸觉得应该帮助儿子摆脱自卑，便寻找和儿子谈心的机会。"是不是还在为那件事情生气呢？"爸爸很随意地试探着男孩。"对啊，我觉得真是太丢人了，在那么多同学面前没面子。"男孩还是很自卑。"可是，你不认为你能勇敢地参加这次比赛就已经算是一种成功了吗？做任何事情都不能着急，要慢慢来。"爸爸耐心地说。"可是还是有好多同学嘲笑我。"男孩说到这低下了头。"你不要在意别人怎么想，他们的做法是不对的。他们总是觉得自己做什么都好，却没有意识到自己的行为是多么没有价值。爸爸不是和你讲过吗？在这个世界上有着大量庸俗的事物，而那些既不懂得尊重他人又自以为是的人正是这个世界上的俗物。你为什么要花时间和那些无谓的人和事计较呢？"爸爸的情绪有些激动。

男孩明白了，终于从自卑的阴影中成功地走了出来。

在孩子需要帮助的时候及时和孩子谈心，不仅能让他们自主地认识到自己的缺点，还能积极地鼓励他们，使他们把自己的潜力和自身的优势发挥出来，积极进取，进而让他们更加顺利地健康成长。此外，在上面提到的情况下，父母及时和孩子谈心，更容易缩减父母与男孩之间的代沟。

方法四：当男孩有不良行为时与他谈心

伴随着男孩年龄的增长，他很可能养成很多不良的习惯，诸如自私、吹牛等。当男孩出现这种问题的时候，父母要抓住机会与他们谈心，这样不但有利于他们自主地改正自己的错误，还可以使父母和孩子的关系变得融洽。

一位妈妈送孩子去上学。男孩穿着一双新鞋，可妈妈一不小心误踩到了男孩。男孩立刻就不高兴了，踢了妈妈小腿一脚，妈妈的裤脚上立即出现了一个小脚丫的印记。妈妈生气地打了男孩几下。男孩委屈地站在路边哭了起来。妈妈不理会，自顾自地往前走。

刚刚打完儿子之后，妈妈就有些后悔了，担心儿子今天不能专心学习。于是，她又原路返回找到儿子，领着他一边聊天一边慢慢向前走。"你在校园里和同学也是这样的吗？"妈妈还是对刚才的事情有些生气。"不是啊，一双新鞋，刚穿上第一天就被你踩脏了。"男孩小声地说。"那你也不能反过来踢妈妈一脚啊。你这样的行为对吗？"

男孩低下头，无话可说。"妈妈也有不对的地方，我不应该打你，妈妈跟你道歉。"妈妈的语气不像之前那么严厉，"但是你说，如果同学也不小心踩到你的新鞋，你也会同样反过来踢他吗？""不会。""那你会怎么解决？""我会和老师说。""之后呢？""让他和我道歉。""然后呢？""再然后我就接受他的道歉。"

妈妈听到男孩这么说，笑着对他说："那要是他不跟你道歉呢，你会怎么办啊？"男孩也不知道该怎么回答了。妈妈说："假如同学没有和你道歉，你就冲他微笑，让他觉得很不好意思，这样他会对你很佩服。相信吗？你下次可以试一试。"

父母在和孩子交谈的时候，切记不要翻来覆去地给他讲述什么大道理，他们会很厌烦你说的话，也不会照着去做。上面对话中的妈妈是聪明的，她并没有对儿子喋喋不休地进行教育，而是让儿子自主地认识到自己的错误，并且以很巧妙的方式告诉男孩以后遇到类似事件的解决方法。

因此，即便这个男孩的心里不认同妈妈的说法，但如果他在遇到这种状况时，他一定会尝试着用妈妈告诉他的方法。当他了解到自己的快乐可以从宽容别人身上得到时，他会在不经意间将宽容作为自己做人的美德。

不要破坏男孩的好奇心

常常使家长头疼的问题是：男孩可能非常喜欢破坏东西，任何事物在男孩手中，总是会遭遇"大卸八块"的命运，这让父母打也不是骂也不是。一些母亲为了玩具的完好无损，就把玩具藏起来，不让男孩玩。却不知这种做法毫无益处，虽然保护了玩具，但是却将男孩的好奇心给破坏了。

具有好奇心特别是极强的好奇心的是创造精神的一个明显的特征。好奇心让孩子对世界有了一点了解，对一切事物都充满了求知欲。

有个男孩的母亲，由于孩子把她刚刚买的手表给弄坏了，于是她把男孩揍了一顿，并且将这件事情告诉了老师。谁知，这位老师风趣地说道："未来的中国'爱迪生'就这样被你扼杀了。"这个母亲不甚理解，老师就分析说："男孩这种行为实际上是一种创造力的体现，你不应该惩罚孩子，要让孩子多多动手，让他能动手尝试。"这个老师就是闻名遐迩的教育家叶圣陶。

好奇是男孩生活中的必需品，男孩在这个奇奇怪怪的世界里面惊奇着、探索着。身为家长，应该鼓励培养孩子的好奇心，而不是阻止孩子的好奇心。

在武汉上大学的小帆同学。在校期间，他是四项国家专利的获得者，"有气筒的自行车""能够转换很多种锤头的锤子"等全是他多向思维的产物。他的父母从小就很注意培养他的多维思考能力。

在小帆小的时候，父母用两个月的工资买了一个收音机。一天，妈妈回家发现，儿子将收音机给拆了，于是便问："收音机怎么被你拆了？"

小帆说："里面有个阿姨，我想看看她是怎么唱歌的。"

妈妈一听，不但没有生气，反而开心地和孩子说："你想的真好！阿姨在遥远的地方唱歌，不管在哪里都能听到，无论在天上还是地下，甚至海里。究其原因？你将来长大就会明白的！"母亲一直鼓励小帆坚持自己的想象力和好奇心，他对电子设备有着浓厚的兴趣，大学的时候学习了电子信息专业，从某种意义上来说这都是他年少时期的好奇心所致。

还有一回，他修自行车的时候，他给父亲当助手，父亲对他说："这次看我修理完下次就你自己一个人修了。"小帆深有体会地说："在父母的要求下我多做实验，多去看别人的操作方法。观察细微后，在做相似事情的时候，我便可以从各个方面深入，思考可不可以做得更出色，将它提升一个层次呢？于是，在发明创作的时候源源不断的新想法就从脑袋里冒出来了。"

会拆卸玩具的孩子，说明他有很强烈的好奇心，以及对知识存在着渴望，能够自己去分析问题研究问题。任何一个家长都希望自己的孩子有所作为，为了帮助孩子找到努力的方向，他们不惜大手笔让男孩上各式各样的培训班，给孩子讲一些成功人士的成功经验，希望通过这些令孩子成才。但是他们不明白，可能对男孩拆卸玩具的批评，就可以改变其一生的命运。因此当妈妈的不要总是批评孩子，更不要将孩子的好奇心给阻止了。

曾有学者说："好奇心是人们探索被表面遮盖事物本来面貌的动力。"好奇是走向成功和杰出的关键因素。原因是只有好奇心才能够产生兴趣，只有感兴趣了才有可能创造出更多新奇事物。

心理研究说明：如果一个人对于某些事物产生好奇，那么他就会充满斗志地去学习，进而创造能力就会最大限度的发挥。

在实际生活中，众多孩子都是被动地接受知识，缺少积极主动地去对世界探索的好奇心，还有众多家长对孩子好奇心的抹杀，令众多孩子都应变缓慢，遭遇能力以外的事就显得不知所措。

因此，母亲要一直激励孩子对世界充满好奇，有了好奇心才会有不停探索世界的愿望，才能不断进步，才能拥有非凡的知识。

和男孩平等交流

一次，丽丽夫妇请了一对年轻的夫妇和孩子来家里吃晚餐。当 2 岁多的孩子吃饱了想要下地去玩的时候，孩子的母亲也马上离开餐桌，蹲下和孩子说话："你是不是想离餐桌远一点然后在地毯上画画？"孩子马上自己去别处玩了。那时，她对家长蹲下和孩子说话感到十分的惊讶，可是又认为这只是别人特有的教育孩子的方法就不再多问。

第二个周末，学校的一位老师尼蒂邀请她到她家去做客，她再次看到了这样的场景。尼蒂有两个可爱的孩子，当她们打算一起去超市购物的时候，4 岁的儿子不高兴姐姐先坐进车里。尼蒂在车门口蹲下，并且握住儿子的双手，面对面的，正视孩子的目光，真诚地说："孩子，谁先坐进汽车并不重要，对不对呀？"儿子盯着妈妈，懂事地点了点头，进了汽车和姐姐坐在了一起。到了第二天下午，丽丽和尼蒂一家去公园游玩。当两个孩子一起蹦蹦跳跳想要去湖边看鸭群戏水的时候，儿子没注意滑倒了，泪水立刻在他眼睛里翻滚起来。这时候，尼蒂很自然地蹲下来，和蔼地告诉儿子："你已经不是小朋友了，是不是？你都是个大男孩了哦，摔一跤根本就不要紧的，对不对呀？"丽丽也学着尼蒂蹲下来，和尼蒂的儿子说："是呀，你是个男子汉了，是吧？"孩子很快就止住了眼泪，很自豪地跑去玩耍了。

这个时候，丽丽说起了教育孩子的方式。尼蒂告诉她："当然要蹲下来和孩子说话呀！他们年纪尚小，个子比较低，只有大人蹲下来和他们一样高，才能和他们平视着说话。我很小的时候，我的父母也是这样对待我的。在我的思想里孩子是一个独立的主体，有独立的思想，就是因为他们比大人要低很多，大人才要蹲下来和他们讲话。"

其实，这里说的"蹲下"并不仅仅只是动作和行为上的蹲下，它更多的是想表达父母与孩子是站在相同的立场上的。习惯站在成人立场的母亲，也习惯性地用大人的角度来分析孩子的想法，向他们讲述该如何去做，这将令他们不敢自己去亲身体会。假如母亲总是觉得自己懂得很多，总是没完没了地向孩子讲述，不厌其烦地一遍遍纠正他们的错误，孩子的知识面就会受限制。并且，这种觉得孩子做什么也不行的态度，会在一定程度上打击他们的积极性，令他们失去信心。

要学会站在孩子的立场考虑问题，想要和孩子平等交流就必须要放下家长的架子，这样才能确实走进孩子的心里面，给孩子鼓励。

培养男孩切不可溺爱

疼爱孩子是妈妈的母性使然，可是一旦疼爱超过了一定限度，那就是溺爱孩子了，溺爱只会让孩子发展得越来越不好。身为孩子的母亲，万万不能溺爱孩子，以防害了孩子。

溺爱是教育男孩最忌讳的事情。一个在溺爱的环境下成长起来的男孩，别指望他还能出人头地。对于男孩，心里疼爱，不要表现得太过了，该狠的时候切记不可手软。要舍得令男孩尝点苦头，切不可对于男孩的任何要求都毫无限制地去满足。万事以男孩为中心，总是溺爱孩子，对男孩身心健康是不利的，对他们的成长也是极其不利的。

有一位中年得子的母亲，对孩子特别宠爱，什么事情都依着孩子，他想要都给予满足。男孩本身就是一个内向腼腆的人，平时不喜欢与别人交往，学习成绩普普通通。高中毕业以后，儿子未能考上大学，母亲就花钱让他上了一所私立大学。儿子上学的时候，每两个星期这个妈妈都会跑到儿子的宿舍关切询问孩子哪里不舒服，就怕他在学校有什么不适应的地方。

大学毕业之后，母亲对孩子主动找工作的事并不是很鼓励，她告诉儿子："你是个大学毕业的学生，就应该找个好点的工作。"意思是不想让孩子在外面吃苦受累。于是儿子就毫不担心地待在家里两年时间，可是却什么工作都没有得到。不得已父亲只能给他找了个很普通的工作，一个月不到儿子就辞职回来了，说是特别不习惯。但是这次回来，竟然在家中整整待了四年，这四年时间里，他几乎"大门不出二门不迈"。

母亲十分担心这样的儿子，可是还是一直任由孩子自己胡闹，夫妻俩随着岁月的变化也已经是一大把年纪，再这么下去的话，儿子将来可怎么办呢？父亲因为儿子的原因愈来愈不爱说话了，心中压抑最后得了抑郁症。在父亲住院期间，儿子也不知道去医院照顾父亲，而母亲就在丈夫和儿子之间来回奔波着。

这是一个真实的故事，过度的溺爱使儿子走到了今天的地步。这样的孩子，不知父母的辛苦，没有任何的能耐，简直就是废人一个，更别提是什么男子汉了。这不仅是男孩的悲剧，也是母亲的悲哀。

一般来说，在一个家庭之中，以下是母亲溺爱孩子最典型的表现：

（1）对男孩给予"特殊待遇"，使男孩滋生优越感。有的母亲依然有重男轻女的思想，或者由于孩子是家里唯一的孩子，在家里地位是最高的，在哪里都受到了特殊的照顾。这样的男孩多数都是恃宠而骄的，最终变成一个不懂得关心他人只关注自己利益没有同情心的人。

（2）对男孩的各种要求"无条件满足"。有的母亲无论孩子提出多么无理的要求都是竭尽全力地满足，儿子想要什么，想尽办法也要给他。有的母亲一直秉承着这样的思想"再穷也不可以穷孩子"，即使自己省吃俭用不花钱，也要竭尽全力地满足孩子的要求。这样长大的孩子都不懂得理财，只懂得物质享受、极度的奢侈和浪费，肯定也毫无忍耐和吃苦精神。

（3）对男孩过分保护。有的母亲不让男孩出家门以保证他"绝对的安全"，也不许孩子和别的小朋友一起出去玩。还有严重的人，步步紧跟孩子的步伐，成了孩子的"小尾巴"，简直是含在嘴里怕化了，放在手里怕摔了。这样养大的男孩肯定变得懦弱无能，缺乏自信，养成什么事情都依赖父母的坏习惯，没准在家里也是我行我素，自高自大，到外面胆子小得还不如女生，有特别严重的性格缺陷。

（4）袒护男孩所犯的错误，称为"护犊子"。妈妈总是对男孩犯的错误视而不见，反而说，不要总是特别严厉地对待孩子，孩子现在还小。有的时候爷爷奶奶也会跑出来说："不要教得太急啦。现在还小不懂事，他长大以后自然而然就会变好的。"在这种环境中教育出来的孩子都是恃才傲物、全无是非观念的人，都会一味地我行我素，难以管教，很容易造成性格扭曲。

为了孩子的成长，母亲一定要给予孩子很多关爱，不要吝啬对孩子的爱，但是一味地迁就儿子是不可行的，这样培养出来的孩子将来爆发出来的问题会越来越多，比如，没有远大的理想，更不存在是非的观念，也不具备良好的习惯。从来都不对孩子施行挫折教育，这会对孩子未来产生严重的影响。

为单亲家庭的孩子创造良好的成长环境

经历了失败婚姻的女人，孩子就是妈妈唯一的精神寄托。作为一位独立的女性，应该学会自强自立，为将来孩子的成长创造良好的环境，尽自己的力量给孩子提供最好的关爱。就算这样，实际生活中的家庭也是不完整的，孩子总有一天可能提出这样的问题，这仅仅是时间的问题而已。缺少父爱会使孩子的情感天秤完全地失衡，从而对孩子造成心理阴影，这些后续的问题是在所难免的。

为了孩子能够更加健康地成长，离婚的妈妈们不必把不完整的家庭放在心上，而是需要更加积极乐观地活好每一天。如果妈妈们生活的态度变得积极乐观向上了，孩子也会因此而变得心情舒畅。至于如何面对爸爸，妈妈们应该很真诚地与孩子进行沟通："这样的生活难道不好吗？妈妈会非常疼爱你的""宝宝别担心，即使爸爸不需要咱们了，妈妈也会一直爱护你的"。用这些话语来宽慰孩子的心，肯定是最佳的办法。在日常生活中，妈妈还能够常常鼓励着孩子："妈妈认为你是最棒的孩子，起码在妈妈的眼里，你是最可爱的。"

方法一：切不可让孩子感到自己的愧疚

生活在这样的环境里，孩子从一开始就要比别人家的孩子更艰辛，这是情理之中的事情。因此离婚的妈妈们，在心理上难免有愧疚之情，认为孩子的不幸是由于自己的原因。有的妈妈会因为这个原因对孩子溺爱，无论孩子提出什么样的要求，总会毫不犹豫地答应，以此弥补自己内心的愧疚。这样对孩子是不利的。

方法二：不要刻意让孩子对父亲产生敌对情绪

有些离婚的妈妈们将孩子看成自己的出气筒，当着孩子的面斥责爸爸的种种毛病，这样做是很不明智的。聪明的妈妈应该在孩子面前给孩子的爸爸树立一个光辉的形象，也可以对爸爸的不好之处闭口不谈。由于孩子总会有长大成人的一天，一旦他知道了母亲是如此的心胸宽广，他一定会发自内心地爱戴和敬佩自己的母亲。而且，若母亲老是在孩子的面前数落父亲的各种不好，特别容易令孩子产生自卑的心理，这样的做法必定会暴露出自己偏执、冷酷、自私、狭隘的性格缺陷。

第四章

引导男孩如何管理情绪

阳光未来丛书
培养高情商聪明优秀男孩

YANGGUANG WEILAI CONGSHU
PEIYANG GAOQINGSHANG CONGMING YOUXIU NANHAI

培养高情商乐观的男孩

常言道："事业与家庭是鱼与熊掌，事业心太重的女人，想有个完美的家庭是很难的。"

列夫·托尔斯泰曾说："幸福的家庭都是相似的，不幸的家庭各有各的不幸。"对孩子来说，最好的家庭教育，不是父母有多大成就，给予孩子多少金钱和资源，而是有一个幸福温馨的家庭。

在热播剧《以家人之名》中，展现了三个没有血缘关系的孩子成长的不同环境。相信不少人会被李爸爸的教育方式圈粉：太温暖了吧！难怪养出李尖尖这么个"莫名乐观"的闺女。在爱里浸润着长大的孩子，总是更有同理心，更懂得怎么去爱，也更容易收获爱。所以，即便是单亲家庭长大，但满满的爱和正确的教育观念也让李尖尖长成了自信开朗的小太阳。勇敢率真、乐观无畏，是凌霄和贺子秋所不具备的，这就是原生家庭带来的影响。

在所有的问题儿童身上，都可以在他们家庭中追溯到根源。

说到底，小孩子的性格，往往在父母行为影响中铸成，以后深深刻进骨血一生难以磨灭。在家庭教育中，父母的陪伴往往缺一不可。只有获得了足够的关爱和重视，孩子才能健康成长。

如果在原生家庭中获取不到足够的爱，会让一个人缺乏安全感。而在长大以后，这种缺乏安全感就会表现在极度地想要被认可，非常重视朋友，与此同时对家庭却非常冷漠。

有快乐开朗的父母，才会有乐观积极的孩子，作为父母，我们想要孩子积极向上，微笑着面对生活，首先就应该给孩子营造一个乐观向上的家庭氛围。

快乐的家庭气氛总能培养出乐观的孩子，那么父母该如何在生活中向孩子传递来自家庭的快乐呢？

方法一：给孩子营造一个温暖舒适的家，让孩子在家中体会到温暖

让孩子在家庭中体会到一种满足和自信，是父母应尽的义务与责任。在为孩子营造温暖的家庭气氛过程中，母亲有着独一无二的先天优势。母亲在生活中展现出来的细心与认真，能让孩子主动去理解来自家庭的爱，并能感受到来自家的温暖。

方法二：父母应该用积极乐观的态度面对生活，为孩子做出榜样

享誉世界的"领带大王"金利来的总裁曾宪梓，与夫人用一把小小的剪刀建立了属于自己的王国。在他事业有成之后十分热衷于公益事业，为国家和家乡建设先后捐款上亿元，被世人称赞。他的事业成功和他母亲的教导有着密切的关系，母亲在生活中的坚强赋予了他艰苦耐劳的品质，并让他受益终生。

在日常生活中父母一定要为孩子做一个积极的榜样，这样孩子才能在自己的人生中健康快乐地成长，并捕捉到更多的快乐。

方法三：父母用快乐的心态影响孩子

我们遇到过那些一见就令人喜爱的男孩，也遇到过那些一看就惹人生气的男孩。有些男孩在你还没有开口之前，就已经领会了你的用意，这是十分聪明的男孩；有些男孩就显得比较被动，你有问他才答，但你有问他必答，虽然显得像小女孩一般羞怯，但也有着令人怜爱的气质；可是有一种男孩却完全不能或者根本就不愿意和他人交流配合，把自己封闭在小世界中，处处设防，随时充满着敌意和攻击性。实际上，这些不同的反应追根溯源都是反映孩子灵动的能力，也就是人际交往技能。

在孩子早期成长的过程中，父母精心地培养能够促进孩子在人际交往方面更好地发展，为孩子在日后走向社会、进行自主的工作和学习打下良好的基础。在培养孩子与他人交往和相处中，父母发挥着尤为重要的

作用。

从孩子出生，父母便是与孩子关系最为亲近密切的人了，孩子最先感受到的触摸记忆和声音记忆都来源于自己的父母，父母也是与孩子在身体和精神上最为亲近的家人。孩子长大之后，在与外界相处中，其他孩子是否接纳他，关键就在于他以怎样的方式去接纳别人。了解适应社会这种能力便是从父母那里模仿出来的。

一般来讲，一个开朗热情的孩子往往会有一位慈爱宽容的父亲或母亲；一个性格偏激古怪的孩子的父母，他们的性格一般也会比较古怪。孩子在与人相处的过程中是否心态如常，与和母亲相处过程中的心态有着很大的关系。在语言表达上比较清晰的人，一般能和母亲进行有效明朗的沟通和交流感情，这也决定着他能和他人交流如常。

如何培养男孩的 "阳光心态"

被人称作神奇教练的伍登在美国久负盛名。他在全美12年的篮球生涯当中，替加州大学洛杉矶分校赢得10次全国总冠军。如此辉煌的成就让他成为大家公认的有史以来最为称职的篮球教练。

一次有个记者问他："伍登教练，在赛场上的你永远都是那么活力充沛，到底是怎么一种力量让你取得这样辉煌的成就呢？"

伍登很愉快地回答："我每天睡觉之前都会精神抖擞地告诫自己我今天表现得非常好，而且明天我的表现一定能够更好！"

"就这样简单的一句话就能做到吗？"记者有些不解地问。

伍登无比坚定地回答道："简短的一句话？但是我却每天如此坚持了20年，简短与否并不是重点，关键在于你是否有毅力一直坚持这样做，如果没有持之以恒，就算是长篇阔论也无济于事。"

伍登不仅仅在篮球赛场上展现了他积极的态度，更在他的生活细节中展现的一览无余。一次他和朋友开车到了市中心，面对拥堵不堪的车潮，朋友显然有些不耐烦，时不时地在抱怨，相反伍登却欣喜地说："这才像个热闹的城市呢。"

朋友好奇地问："为什么你总是和别人的想法不一样呢？"

伍登回答："没什么好奇怪的，我只是用一双善于发现美的眼睛看待了这个世界。无论是悲是喜，生活总为我们提供了机会，它们并不会因为我的悲喜而有所改变。只要用积极的生活态度来面对生活中的各种琐事，我们就能抓住机会，激发更多我们的内部潜能了。"

伍登积极进取的生活态度让他正确地面对生活，与此同时也让他收获了一份正确健康的生活方式和巨大的成就。

但很遗憾的是：很多家庭往往会忽略掉家教的重要性，事实上积极的人生态度能够最大限度地激发出人体内的"快乐因子"，这不仅能让家长和孩子保持一种健康快乐的生活态度，而且还能在一种无形的向上力量之中奋发向前。在此基础上父母也要让孩子了解到关于态度的秘密——虽然它会让孩子每次选择都十分艰难，但最终会决定孩子的一生。

态度是一种力量，可以最大限度地激发出人身体内的潜在能量。每个孩子身上都潜藏着不可想象的能量，一旦这种能量释放出来，就会给我们带来意想不到的能力，因此，态度也正是这种能力的导火索。一旦男孩发现这种潜在力量，并且更加用心地善加利用，就一定能改变自己的人生轨迹。

以无数成功人士奋斗的历程来看：成功是那些有着积极心态的人获得的。持有健康积极心态的人即便是遇到困难也会转危为安。由此可见，培养男孩积极的"阳光心态"是家长应尽的责任。那么，父母应该如何培养这种心态呢？

方法一：引导男孩认识自己

大多数男孩都希望找到属于自己正确的生活态度，并拥有快乐的生活。然而想要拥有这一切，他们首先要先做好充分的、正确的自我分析，因为只有先了解自己，才会走好自己的人生之路。当他们了解到自己想要怎样的生活和发展前景的时候，他们才会努力实现自己的愿望，才会达到他们所期的愿望，正所谓"心有多远，你的世界就有多大。"

社会心理学家通过研究发现，善于理性思考和进取的成功人士往往会给自己的生活做出计划，对生命成长过程中每个阶段都细致谨慎地把握控制，采取正确积极的生活态度，一般能够主宰把握自身命运的人，成功自然离他们不远。

积极健康的生活心态要从认识自身开始。孩子可能理解不了很多的数学难题或者记不住那么多的英语单词，但在处理班中琐碎事务中却有着超人的本领，解决纠纷、善于组织都可能是他的长处；也许孩子在理科算数方面有些吃力，但可能是写小说、诗歌方面的高手；也许孩子并不能很正确地分辨音律节拍，但是却有一双灵巧的手……

这样一来，父母让孩子通过实践认识到自己的长处，扬长补短、确立目标，将一门学问做深做好、认真刻苦学习，久而久之也能取得傲人的成果。相反，假如自己并没有对自己有一个准确清醒的认知，就不会用积极正确的生活态度来面对自己的短处，最终导致悲剧发生。

方法二：激发男孩的潜意识

什么叫作潜意识呢？弗洛伊德有一个十分生动的比喻，人的心灵即意识组成就像是一座冰山，意识只是露出水面的那一小部分，而潜藏在水面之下的那一大部分则叫作潜意识。人的举止言谈都只是由这一小部分意识来掌控的，而生活中的绝大部分则是由潜意识主宰的。

潜意识具有无限的能量，它在我们的内心深处，却能像魔术般创造奇迹。爱默生说："在你我出生之前，甚至在这世界存在之前，潜意识这种奇妙的力量就存在了。这种伟大而永恒、真实的能量，便是为生命运动而准备的。"

一定要让孩子紧紧抓住这种神奇的力量，因为它能够治愈孩子内心潜在的伤痛，愈合他身体的伤痛，帮助他们摆脱内心的恐惧和痛苦，重拾快乐。孩子所要做的就是将自己的身心、感情、期盼与美好的一切融为一体，伟大的潜意识会为他们做出最合理的安排。

方法三：要用行动促使男孩有着积极的心态

父母要让孩子懂得，事实上，态度与行为之间相互作用，态度能够作用到行为之上，行为也可以反过来决定态度。假如男孩的态度是乐观的，那么他的行为也会向着积极的方向发展；假如他们能够以积极的态度去面对，就会大大促进正确的生活态度。

行动会带来应得的反馈回报和成就感，也能带来喜悦，同时他们也能得到自我满足和快乐。如果他们想要寻觅快乐发挥自身的潜能并获得成功，那么他们就必须付出积极的行动。因此我们才更应该拥有积极的心态。

要理解男孩的特殊表达方式

由于男孩身体和心理上的一些原因，在表达情感方面，往往与女孩不同。家长要掌握并理解男孩特有的表达方法，同时选择正确时机对他的一些做法进行指导和修正。

方法一：关注男孩的沉默

俊俊是个阳光、上进的男孩，成绩优秀。选班委的时间就要到了，俊俊非常想参选班长，然而最后当选的是一位不如他的同学。当天进家门以后，俊俊一言不发，径直走进自己房间。妈妈下班后，看到儿子一声不吭，就立刻关心地问他发生了什么事情。

通过谈话，妈妈把事情弄清楚了以后说："民主投票选举班委理所应当，你也不用过于难过了，妈妈相信你的能力。"俊俊向妈妈诉说了内心的不平、埋怨，妈妈耐心聆听，不时好言相劝。俊俊吐出了憋在心中的话，心情平和了，不再纠结，依旧努力、开心地学习。

把情绪说出来一般不是男孩的强项，如果男孩选择憋在心中，很可能他的情绪是有波动了，家长就要多一个心眼，并且要加倍地关心、引导男孩，了解男孩在想什么，不要让男孩笼罩在负面情绪下。

可能家长也会注意到，在教育男孩的过程中，有时男孩会选择保持沉默。遇到这种情况有些家长经常会沉不住气，把男孩的沉默当作耳旁风，还不住地向男孩发脾气。这时家长需要领会男孩的沉默，适当地给予教育，最忌讳抓住不放，要留给男孩足够的时间和空间让男孩自己支配。

方法二：理解男孩乱发脾气

为了一个关键的篮球赛事，小航非常兴奋，走路时蹦蹦跳跳，他渴望一场激战。然而，在下楼梯的时候，他过于激动，"嗖"地从上面跳下，结果扭伤了脚。小航的心情可想而知，他心里那个懊悔呀，狠狠地把拳头朝墙上砸去。

放学后，小航没精打采地走进家门，妈妈看到了他受伤的脚，马上问："哎哟，打球怎么那么不小心把脚扭伤了？"小航听到了"打球"两个字，大吼一声便冲进了房间。妈妈被吓了一跳，随之听到的还有叹气声。

女孩和男孩不一样，女孩会通过言语说"我不高兴了""我很伤心"等情绪，男孩更乐于用身体来传递自己的情感。也许很多高兴的事情男孩也会用砸东西来表达，这些都是正常的成长过程，父母应当理解他们。

方法三：男孩更喜欢用行动来表达心情

男孩一般不像女孩一样用耳朵和嘴巴来表达心情，而是通过做出实实在在的事情来表达自己的心情。当家长心情不是很好或者生病的时候，女儿可能会一直陪在左右，说一些甜言蜜语。儿子却会用实际行动来表达一份关心，他可能只会朴实地倒一杯热水，可能会主动整理好玩具，证明他长大了不用父母担心了。

方法四：识别男孩的攻击行为

男孩有着很强的攻击性，动手处理问题是他们的首选。这可能是由于男孩不懂得如何能表达自己所想，因此才会选择这个不用动脑子的解决办法。这时父母要帮助孩子分析，让孩子好好想想还有哪些更好的解决办法。家长还需要教给男孩一些基本的道德观，指导孩子一些生活中的习惯和礼节，使他们掌握解决问题的最好方法。

正确引导男孩的情绪

情绪的掌控，就是选择正确的方法。通过更好的方法，来了解自己的情绪、调控好自己的情绪、放松自己的心情。简而言之，就是要掌握最适合自己的情绪表达方式。

亚里士多德曾说："不管谁都会生气的，这不是难事。但要掌握正确的时间和地点，通过正确的方法把握分寸，对正确的对象发脾气，那就不是一件容易的事情了。"展露个人情绪要用最合适的方法，家长要向男孩传授控制情绪的办法，让男孩表达自己的心情，并且能够掌控自己的情绪。

方法一：心理暗示法

这个方法是法国医生提出的，其经典名言是"我每天都会进步"。积极的心理暗示可以帮助人们保持好的心情，发掘人所拥有的潜能，并且体现人们的主观能动性。

通过心理学实验可以知道，一个人坐着，嘴里默念"怒发冲冠""暴跳如雷""太气人了"等话心率会升高，喘气的频率也在增快，好像是真的生气了。然而，如果默念"喜笑颜开""心花怒放""我太高兴了"，那么开心的体验也就随即而来了。从这里可以看出，高兴的体验不但能被语言表达唤醒，并且一些情绪反应也能被压制。

家长可以让孩子利用积极的心理暗示，解除部分消极情绪，以此来维持心情平和。举个例子，想象或用笔在纸上写出如下字样："冷静""在做每一件事情的时候都要留给自己三秒钟考虑""控制愤怒""淡定"等等。事实上，这样的心理暗示对人的情绪有很神奇的积极作用，可以缓解过于紧张的情绪。

方法二：自我开导法

如果一个人想要尽快地摆脱精神上的不愉快，可以从一个点来开导或者辨析。当人的情绪有问题，往往说"成功失败是很平常的事情""塞翁失马，焉知非福""祸兮福之所倚"，这样不但可以缓解不愉快，还可以摆脱焦虑，最后把经验总结出来，引以为戒，从而让自己保持平和。

由此，男孩一定要体会到自我调节情绪绝不是自我逃避，同时更需要男孩把经验教训总结出来，使人生路走得更顺。

方法三：转移注意力法

转移注意力法，就是让注意力从只能观察到消极的状态，转移至别的事情上面或参加别的活动。这就好比出门遛弯、看看电影、打打篮球、对弈一盘、找个好朋友谈一谈等等。这样一来，不仅能防止刺激消极情绪，还能参加自己喜欢的活动，进而起到调节情绪的作用。

方法四：交往调节法

很多导致消极情绪的原因是人际关系的不愉快。如果男孩受这种情绪的困扰，就需要鼓励男孩积极地面对人际关系。只有这样才能适当地排解消极情绪，把情绪稳定住，并且有利于交换所想、互通情绪，把克服消极情绪的气魄和力量聚集起来。

方法五：适度宣泄

过度克制自己只能让自己的情绪更加恶化，而合理地发泄却能排遣坏的情绪，能够让紧绷的神经获得放松。所以，一旦碰到消极情绪，那么最简单的办法就是"宣泄"。比如，出去打打篮球，通过发泄自己的情绪，把心中的怒火释放。

但有一点必须清楚，使用宣泄这个方法排解男孩消极情绪的时候，必须协助他们提高自制力，不能随意宣泄这些不良的情绪。比如，使他们利用适合的方法，选择好的对象和地点，防止引起消极的后果。

方法六：进行心理咨询

若是以上途径无法使男孩走出消极情绪的困扰，这时候家长可以尽早带孩子进行心理咨询，心理专家会从专业的角度，对他们的心理情况进行判断，从而帮助男孩摆脱压抑。

引导青春期叛逆的男孩要有方法

"叛逆"简单地说就是不听话，行为上主要体现在不按照家长的意愿做事情。

男孩进入青春期以后，对自己的身体变化并不是很了解，会因为身体的变化引起心里的烦躁。这时他们的心态是"半独立、半依赖"，当他们有了自我意识之后，又无法成熟地面对自己的内心，这种矛盾让他们感到措手不及，若是遇到不开心的人或者事情难免会变得急躁。

除此之外，青春期往往是在男孩的初高中阶段，这个阶段的孩子承担着很繁重的学习压力，"叛逆"最终会在难以承受的时候爆发。

不仅如此，现如今社会环境很复杂，这让我们接触到的社会观念有所不同，加上他们的心智不成熟，若是我们的教育方式不恰当的话，他们便会不由自主地反对父母，最后成为一个叛逆者。

那么我们该如何对待青春期的男孩呢？

方法一：替男孩进入青春期做准备

董亮一直是个爱读书的孩子，上初二的时候，妈妈便给他买了一些青春期的书。董亮很快就将这些书读完了，还总会和母亲讨论。他通过阅读书籍，为进入青春期做了一些准备。男孩在最初进入青春期的时候，家长可以学习董亮的妈妈，给孩子准备有关的书籍，让孩子提前了解这些内容或者和男孩讨论一下这方面的事情，让他有个准备，从而在某种程度上避免了暴躁和叛逆的心理。

方法二：不要总是唠叨孩子

闻名中外的教育专家林格的课题组曾对1000名中学生做过一次市场调查问卷。里面有这样一道题：你不喜欢妈妈的哪种行为呢？有将近600名的学生回答是唠叨。可以说唠叨是男孩产生逆反心理的最大天敌。被大家誉为"中国式管理之父"的曾仕强教授说："当父母没完没了地给孩子讲各种各样大道理的时候，孩子总有一天对你的话一个耳朵进一耳朵出。"没错，男孩在青春期会表现得很暴躁，总是把家长的话当作耳旁风。

因此，我们必须重视我们的说话方式，尽量不要总是对青春期的男孩千叮咛万嘱咐，更不要总是没事吼他。我们自己一定要清楚，男孩正在一天天地成长，用控制和约束的方法显然是不可以的。因此，我们要用合理的方法去解决。

方法三：真正了解男孩的内心

并不是所有人的青春期都叛逆，而叛逆的男孩大多是那些在家庭中总是得不到精神慰藉的男孩。做妈妈的一定要保持警惕，切不可觉得给男孩提供了很丰厚的物质奖励对孩子就是很好了，母亲应该走进孩子的心里去体贴他，关心他。

那些所谓的学习压力、社会影响仅仅是男孩叛逆的土壤，而最根本的因素是因为孩子的精神得不到慰藉，所以母亲在生活中要学会用委婉温柔的语气和孩子说话。只有我们内心柔软了，学会好好地和孩子沟通，那么就不会有叛逆的孩子了。

青春期男孩要有一个属于他们自己的空间

青春期的男孩比任何一个阶段的男孩都要渴望自由。由于身心发展，他特别希望自己是个成年人，能够赶紧脱离父母的约束，希望自己可以决定自己的生活状态，甚至是希望自己可以赚钱，通过实现经济独立来实现真正的"绝对自由"。

青春期的男孩就是从幼稚慢慢走向成熟的一个过渡阶段，一个成熟男孩的重要标志就是要独立，因此，男孩希望得到一个自由的空间是很正确的，也是应该的。

所谓自由的空间到底是什么样子呢？是帮他整理出一个属于他的房间，还是他的事情全部由他决定，父母一点都不参与？事实上，男孩有属于自己的房间很关键，可是他更需要的是心灵上的自由，渴望被尊重，被理解，并得到家长的认可。如果最后没有满足这种希望，他们就和我们对着干，和我们吵架，发脾气，更甚者还会离家出走。

因此，父母需要给青春期男孩一个自由的空间，让他在这种空间里了解自己，发现自己，改变自己。

方法一：要尊重男孩的隐私

妈妈打扫儿子房间的时候，她无意中发现他枕头底下有一本日记。趁着儿子不在的时候，妈妈阅读了儿子的日记，里面有一小篇是关于测验失败的日记，引起了妈妈的高度关注。晚上吃饭的时候，妈妈忍不住好奇就问了这件事，儿子一想肯定是妈妈偷看了自己的日记：母子俩大吵了一架，儿子生气地夺门而出，妈妈说："你以后不要再回来了！"

作为家长一定要尊重孩子的隐私，不要打着关心的旗号偷看孩子的隐私，男孩所谓的小秘密，可能只是一件无关痛痒的事情，但是那也是他的隐私，是他成长的痕迹，那是属于他自己的心灵财富，是不容许别人偷窥的。一个真真正正了解孩子内心的家长，是不会偷看孩子日记的。平时良好的沟通就是孩子自由成长的空间，而且男孩也觉得没有什么需要隐瞒的。因此，良好的沟通就是心平气和地沟通，做到了这些，那么男孩就自然而然地更加信任父母。

方法二：不要将自己的想法强加给男孩

刘女士每次和孩子交流的时候，都是强行让孩子听她的话。若是孩子自愿听她的话，她就觉得很舒心，若是孩子有什么叛逆的地方，她会很生气地教训孩子一番，从而使孩子总是犹豫在听与不听之间，心里很委屈。总是将自己的想法强加在孩子的身上，男孩内心会感到压抑，会对自己的妈妈心存不满意，从而表现出强烈的逆反心理。

青春期的男孩已经不是小孩了，他有自己的思想，他希望有自己的选择权，他很反感被要求、被家长限制。因此，在和孩子说话的时候要以建议的口吻说话，而不是命令的语气，只有这样，男孩才会有被尊重的感觉，才不会千方百计地想要摆脱妈妈的控制。

方法三：给男孩的自由要有限制

我们主张给孩子自由的空间，这并不代表我们不管他，实际上，男孩总是渴望自由，可是一旦真让他独当一面的时候，他也会表现出胆怯，这就和男孩心智还没有发育成熟有着不可分割的联系。因此，这个时期的男孩更想获得有效的建议。

因此，在一些不重要的事情上，我们应该让男孩自己做出决定，就像吃什么，穿什么，周末去哪里游玩。在重大原则性的事情上，我们要帮助男孩把关，并且要尽量提出有意义、有建设性的想法，帮助孩子摆脱困境，久而久之，男孩就会因为精神上得到自由而变得越来越自信，并逐渐成长为真正独立自主的男人。

以正面方式与男孩多谈谈爱情

每个男孩处在青春期的时候，一个不可忽视的重大问题就会慢慢呈现出来——男孩会对异性产生爱慕之情，求偶心理开始萌发。这说明男孩的身心发育良好，令家长担心的是，男孩很有可能开始谈恋爱，这不仅仅会影响他的学业，甚至还会影响他的前途。

父母的担心是正常的，但是男孩对于情感的需求并不是以我们的担心为转移。父母需要让男孩体会到谈恋爱以外的生活乐趣和生命价值。父母可以将爱情作为一个话题和男孩讨论，帮助男孩建立正确的爱情观，而不是让他期待着青春期的爱情。假如男孩真的有了自己所谓的女朋友，我们就要用心平气和的态度来面对，用智慧的处理办法让这份所谓的"爱情"始终如一。

方法一：帮男孩树立更加宏伟的理想

给男孩树立一个远大的理想，看似和青春期中的爱情没有关系，但这是避免男孩早恋最好的方法。

小建小时候特别喜欢画画，妈妈就希望他将来可以考上美术艺校。上了高中后，他很喜欢班里的一个女生。可是，他暗暗告诉自己：等考上大学再说吧。由于他喜欢画画，就把业余时间都投入在画画上。最终，小建终于如愿的考上了大学，并且准备在那里迎接美好的爱情。

很多妈妈都希望自己的男孩都能有像小建一样的自制力。但父母却不知道，强大的自制力是依靠远大理想而形成的。假如男孩没有兴趣爱好，又没有远大的抱负和志向，不重视学业、早恋是迟早的事。因此，一定不要等到男孩进入青春期以后才开始为他树立理想，平时就应该支持他的兴趣和爱好，让他向着自己的人生目标前进，不要因为沿途的风景迷失了方向。

方法二：坦然接受青春期的爱情

若是一段青春期的爱情悄悄地降临在男孩的身上，我们就要坦然地接受。我们接受了，反而会让他们的恋情加速结束。青春期男孩的爱情有着太多的不确定性，男孩往往是一见倾心，若是没有外力的百般阻挠，这段感情可能很快消失。

方法三：和男孩探讨成熟的感情

不管男孩是不是谈恋爱了，父母都应该找一个合适的机会，和他探讨成熟的感情。让男孩明白，真正的爱情绝对不是仅仅基于外在，更因为相识、相知、相互欣赏，那些由于女孩长得好看就和女孩谈恋爱的想法是非常幼稚的。除非两个人特别地了解彼此，互相之间欣赏彼此的品质、性格和能力，这样才会有真正的爱情。

而且真正的爱情并非是没完没了地索取，也不是一味付出，而是真心地为对方着想，互相理解、包容、支持、鼓励，是一种无以言表的责任。父母应该对男孩说，假如没有做好一系列的准备就不要去谈恋爱，否则就是互相之间不负责任。相信男孩听了这句话，一定会有新的感悟的。

第五章

一定要培养男孩的坚强品格

阳光未来丛书
培养高情商聪明优秀男孩

YANGGUANG WEILAI CONGSHU
PEIYANG GAOQINGSHANG CONGMING YOUXIU NANHAI

坚忍不拔是男孩成功的品质

作为男子汉，一定要坚忍不拔，一定要坚持不懈地为自己的理想和目标奋斗。

在众多家庭里，许多孩子因为家长的溺爱导致意志薄弱，做事情不能有始有终。

以下是一位母亲的口述：

我儿子实在是太软弱了，做事很少能坚持到底，每当遇到困难，不是要放弃就是要找我和他爸爸帮忙。虽然我们已经向他讲述了很多道理，但他还是老样子，我和他爸爸都十分着急。有时候我们也会下定决心叫他自己处理，可是看见他无助的表情，我又心软了，只能接着帮他处理。可是这样下去，当孩子长大成人之后，怎样在竞争激烈的社会立足？

这个母亲所举的事例存在于很多家庭中，由于家长对孩子的溺爱，替男孩处理了很多事情，会让孩子产生很强的依赖心理，不愿意思考，动手能力严重缺失。

考虑到男孩的健康成长，父母必须停止对男孩的溺爱，培养男孩坚持不懈的优良品质。

培养男孩坚持不懈的品质，应该从生活中的每一件小事入手。

快到吃晚饭的时候，爸爸带着 3 岁的冬冬去超市购物。购物回来刚踏进小区，冬冬就一直喊累，开始向爸爸撒娇。"爸爸我实在是太累了，快点把我抱上楼。"爸爸当时手里提着两个购物袋，没有办法地说："我也很想这么做，但是你看我这里有这么多东西，腾不出手抱你呀。咱们再坚持几层就到家了。"小家伙只能自己跟在爸爸后面上楼。

走到二楼的时候，冬冬又叫累了。"爸爸，抱抱我吧。"听到这样可爱的声音，爸爸有些不忍心，孩子说了两遍同样的话，可能真的是很疲惫了。孩子不能太累了，要不怎么能长个子呢？

"好，爸爸来抱。"爸爸将两个袋子放在一个手上，展开手臂蹲下来，想让孩子上来。他以为孩子会像一只小鸟一样投入他的怀抱。但是，冬冬却一动不动。"怎么，不想让爸爸抱抱你吗？"爸爸有些惊讶。"爸爸，我还可以坚持，马上就进家门了。"儿子肯定地说，一步一步稳稳地向上走去。爸爸看到儿子这样，立刻表扬了儿子："儿子，你一定会成为一个男子汉的，爸爸以你为荣！"

其实想要培养男孩坚忍不拔的优良品质，有时也不需要刻意为之。生活中的一些小事也可以培养坚忍不拔的优良品质，使男孩成长为一个坚强的男子汉。

方法一：要给孩子建立一个具体目标，鼓励他们坚持去做

例如，对男孩来说，冬天按时起床是非常困难的，这就要求父母为他们制定一个具体的起床时间表，并且坚持实施。不要产生怜悯之心，这样会让男孩觉得有机可乘，因此，父母要狠下心来，目的是培养男孩坚忍不拔的品质。

方法二：当孩子决心做一件事情并且取得成功之后，一定要给予他们一个爱的奖励

奖励不一定是物质的，可以是一个微笑、一个眼神，抑或是记录下孩子成长的每一步。但是，无节制的奖励是不可取的，这会使小男孩对于表扬、奖励这些东西产生依赖的心理，作为家长在这方面一定要注意。

方法三：从培养一些简单的小习惯开始，逐步培养男孩毅力

有一些父母总是觉得自己的孩子不能够持之以恒，不能够坚持去做事情。也有一些父母认为毅力不是后天训练出来的，没有更好的办法，因此只能放弃对孩子的培养。实际上，毅力是能够培养出来的，而增强毅力的最好办法就是培养习惯，这两者是相互促进的。毅力会在培养小习惯的过

程中逐步形成，从而促进习惯的培养。

以下是一个母亲的教子心得：

今天，我们带着儿子去爬山。爬到一半的时候，儿子累得坐在地上直喘气。看着儿子上气不接下气的样子，我们做家长的也不想坚持了，然而为了能够培养孩子的坚忍不拔的意志，拥有勇于克难攻坚的精神，我们一再鼓励孩子，并且跟他说登山跟学习一样，逆水行舟不进则退，所以你一定要做一个持之以恒的孩子，迎难而上，永远不向困难妥协。我们不断激励着孩子，一边以身作则向山上登。在我们的带动下，孩子站了起来，最终一鼓作气爬到了山顶。

这件事对孩子的影响很大，在今后的生活里，遇到困难时他就会想到登山的启示。还有一次做课后作业，他无论如何都做不出来，当时已经很晚了，我们便想帮助他完成，但是他却说："我要通过自己的努力研究出来这道题，找到解题的方法。"

我们对孩子始终是实行爱而不娇、严而民主的方法，注重锻炼他的意志，培养他良好的品德。

有一次孩子生病了，我们不仅照顾得十分周到，更激励孩子勇敢战胜病魔。于是我们便给他讲了张海迪身残志坚的故事，不仅培养了孩子战胜病魔的意志力，而且还让他明白了人与人之间应该互相关心、爱护。

在他生病的这些天，他看到我们整日吃不好睡不安，就跑过来安慰我们说："爸爸妈妈，你们不必着急，我很快就会好起来的。"他也学会了和医生、护士沟通，治疗积极配合，而且每回打针的时候表现得一点也不害怕："阿姨你放心打吧，我不怕疼。"

正是由于父母的鼓励，男孩才变得坚强。所以，在日常生活中，父母要多给予男孩一些鼓励。

阳光男孩一定是乐观向上的

当今大多数家庭，伴随着家庭条件的提升，孩子的物质条件也越来越好。特别是现在国际化教育越来越发达，为了让孩子不输在起跑线上，家长可谓是想方设法。

林女士在一家公司做资源管理，她在儿子刚到一周岁的时候，便逼着孩子开始学习文化知识、学算术、学习英语，希望孩子以后能出国学习。陈先生在一家公司做副经理，孩子小时候便开始让他背诵诗词，识字，学习琴棋书画。刘先生十分喜爱京剧，儿子两岁的时候，就替孩子请了专业的京剧家教，希望孩子以后能成为京剧名家。

以上所述的这些事例，体现了家长对孩子过高的期望，可以说是煞费苦心，每天忙着让孩子去学习各种特长和接受各种培训。作为儿童教育专家的安德森博士指出：对孩子的教育并不是局限在特长、智力上面的增长，更要注重培养他们的健康的心理素质和身体素质。

通过下面这个事例，我们就要懂得拥有一个乐观向上的心态是多么重要。

一个男孩 9 岁时，母亲去世；22 岁时，经商受挫；23 岁时，未能成功竞选州议员；在同一年又失业。他想去法学院学习，但是一直都没有取得入学资格；24 岁时通过朋友筹到钱经商，在同一年年底，又一次破产，之后，为了把债还清，他用了 16 年时间；25 岁时没有资格入学，又再次选取国会议员，这次竞选成功；26 岁时，已订婚即将结婚的时候，未婚妻去世；27 岁时，精神完全崩溃了，在床上躺了 6 个月；29 岁时，在争取成为州议员的发言人时又以失败告终；31 岁时，坚持成为候选人，不料又失败了；34 岁时，参加国会大选落选；39 岁时，未能成功寻求国会议员连任；40 岁时，在自己州内担任土地局长的工作的想法未获得批准；45 岁时，参选竞争美国参议员，再次落选；47 岁时，因得票不足 100 惨败于在共和党内争取副总统的提名；51 岁时，这样一路坚持，当选美国总统，并最终成了美国历史上最伟大的总统之一。他就是林肯。林肯用了这样一句话概括他的一生："一定要有一种积极的心态，这样便胜过拥有一座矿山。"

那么，如何能使孩子拥有一个乐观向上的心态呢？

方法一：为孩子营造优良的家庭氛围

孩子成长的环境是家庭，陶冶孩子性格、天赋和情操的土壤也是家庭。在家庭里面，首先需要父母做一个积极向上的人。身为家长，尤其是在孩子面前一定做个好榜样，不要把工作中的负面情绪带回家，无论遇到什么事情都要保持自信，一定要奋发图强，每时每刻都要用积极乐观的情绪去感染孩子。

方法二：找时间经常与孩子沟通交流

要随时去关注孩子的情绪，当孩子闷闷不乐的时候，不管自己多忙，都要找时间与孩子沟通，鼓励孩子说说心里话。一定要让孩子感受到家长对于自己的关怀和体贴，在情感需求上满足孩子，这样才能促进孩子养成健康的心理。

方法三：学会欣赏孩子

现代心理学之父威廉·詹姆斯指出："人最需要的鼓励就是被他人了解与欣赏。"孩子同样如此。孩子的自尊、自信会因父母对孩子的了解、欣赏、赞美和鼓励而增强。所以，就算孩子只取得了很小的进步，父母都要竖起大拇指对孩子说："孩子，你能行！"这样孩子不仅能够体会到被父母鼓励的幸福感，还会保持积极向上的态度。

方法四：让孩子享受苦难带来的快乐

在孩子的成长过程中避免不了困难和挫折，困难和挫折是成长中必不可少的调味剂。每当孩子遭受挫折的时候，这样跟孩子说：这仅仅是人生中一个小小的失败，一定要坚持爬起来继续前进，这样便会在痛苦中收获快乐。人在经历了困难和挫折后才能更坚强、更勇敢。让孩子淡定地面对每一次失败，能够用灿烂的笑容迎接每一天的到来。

方法五：让男孩学会自我接纳

自我接纳就是让孩子认识自己，对自己的能力有信心。父母在日常的家庭生活中，应努力尝试同孩子和平共处，采取民主的教育方式，及时和孩子沟通，让孩子对自己有自信，勇于表达自己的观点，与父母探讨种种人生问题。父母经常性的肯定会让孩子感到生活阳光明媚，会让孩子更加理解自己，并且在用行动去证实自己、塑造自己、完善自己时表现更加积极。

方法六：用"言传"来教育男孩开朗向上

如何能让男孩通过语言去暗示自己，才能让孩子更加乐观、积极？想要教会男孩心理暗示需要用成人的语言，比如"我可以"。

"我可以"这句话目的在于鼓励、提高孩子的自信心。自信绝非一种轻易地表态，是由内而外散发的自信心，它是通过家长在让孩子不断取得成功的经验而获得的。

培养宽容大度有胸怀的男孩

当今家庭都是独生子女，每一个"少爷"和"公主"在父母眼里都是独一无二的，家长都不希望孩子成为"出气筒""受气包"，谁都不想让自己的男孩成长为一个经常惹是生非的"打架王"。

男孩受到体内荷尔蒙激素的影响，在跟同伴交往时，总是会惹出一些小矛盾。在这种情况下，许多家长出于保护孩子的目的，都会把责任归结到对方的孩子身上，这便是双方家长为什么会因为孩子之间的矛盾而大打出手的原因。

男孩早晚都要离开父母走向社会。试想一下，如果孩子总是被家长保护，男孩最终会变成一个自私、懦弱、胆小怕事的人。那么，当他突然要面对社会、面对各种各样的人的时候，该是多么胆怯和自私。

男孩走向社会之后赖以生存的根本就是与人的交往能力。我们经常可以听到发生在身边的怪事：有一些成绩十分优异的学生，最后因为不想过集体生活，程度轻的可能会患上抑郁症，严重的选择了休学，更有甚者居然选择了结束自己的生命。

某两个研究生就读于知名大学，总是因为一点小小的事情产生矛盾、争吵，最后竟然还出手伤人，最终酿成了惨剧。

这些事都是因为缺少宽容之心。

在男孩成长的过程中，遇事蛮横、欺负人、任性霸道等等，这在社会上是无法立足的；只有学会怎么样同朋友、陌生人相处，用更妥善的方法处理问题，方能驰骋社会。

父母可以通过如下方法来培养男孩的宽大胸襟。

方法一：父母要为男孩树立宽容大度的榜样

小明这个男孩很懂事。有一次，他和朋友在公园里面聊得正开心，同班的一个男孩从背后不小心猛地碰了他一下，他没站稳一下子摔在了带刺的玫瑰花丛里面。手上还扎出了血，小明心里充满了委屈。

知道这件事后，小明的爸爸赶到了学校，一见爸爸来了，小明便一下跑到爸爸的怀抱，特别委屈。那个男孩唯唯诺诺地躲在旁边，等着妈妈和班主任的批评。

然而，听了老师的叙述后，小明的爸爸却是满脸笑意地拉了拉这个"闯祸"孩子的手，并且对自己的儿子说："这位同学不是有意的，你看他的表情里面充满了愧疚，他也和你道歉了，你就不会生他的气了吧？过来拉拉手，以后你们还是好同学。"

当两个男孩的手握在一起的时候，大家都松了一口气，终于雨过天晴。

事后听这位爸爸说，看到儿子被划伤的手臂，心里也难过。但是，他觉得借着这个机会可以教会孩子宽容、友爱和体谅。

如果自己犯了错，就要向别人承认错误，如果自己被冤枉，更要主动同他人积极地沟通。空口说白话教孩子，肯定不如小明爸爸这种教育方式好。

方法二：鼓励男孩要包容大度

以下是一位母亲的亲身经历：

一次，我陪刚满8岁的儿子骑车上学。因为是上班时间，街上那么多车，我不断地提醒儿子："人多要骑慢一些！"

"哐！"后面一辆自行车把儿子撞倒在地。听到"啊呀"一声，两旁的人都绕道过去，一些人下车看热闹。儿子起来坐在地上，摸着膝盖上的伤痕，泪眼汪汪地看着我。

撞倒儿子的小伙子也转身下车推着车慢慢走了过来，脸上的表情看起来十分后悔。儿子没有任何的责任，周围的人都闲言碎语指指点点。我非常平静地走到孩子旁边，压下心中的疼痛，温柔地对儿子说："起来吧，只是摔了一下，没什么大事，对吧？我儿子肯定不怕痛。站起来吧！"

儿子就不哭了，一下子爬起来了，看着那个撞倒了自己的小伙子责问道："你怎么看的路啊？"

小伙子便开始道歉："实在对不起，小弟弟，上班有点着急。你没摔坏吧？……"

我笑了一笑，对那个小伙子说："没事儿了，你赶紧去上班吧。注意点儿啊，撞了人，想快反而却慢了。"那个小伙子便感谢地说："真是谢谢大姐！"

周围人的眼中透露出赞许，有的人说着"这个男孩真的是很勇敢、很懂事、大人也通情达理。"然后纷纷骑上车走了。这个时候我问儿子："还疼吗？那个哥哥着急去上班，迟到了可能会扣工资，不仅影响他的生活，更会影响工厂的生产。两个人撞车，各自都有些许责任的啊，我们要是没有受到伤害就不要继续纠缠下去，浪费时间。"

儿子在人们的夸奖中感觉到了自豪，我需要把对人的宽容和友爱传达给他，使他受益终身。不认识的人伤害了自己，也需要宽容吗？答案是肯定的。难道父母培养男孩的宽容心理还要选择对象吗？妈妈一定要珍惜每个教育孩子的机会。

可能很多家长都会这样理解，什么事都让男孩"让"着别人，孩子长大了便会受人欺负、懦弱胆小。这种想法是不可取的，那不是"让"，是一种珍贵的品格，父母过度地溺爱才会导致孩子变得懦弱无能，让孩子在谦让中学会包容大度，有利于男孩的将来。

诚实守信从来都是男孩的立身之本

诚实守信是中华民族的传统美德，也是可贵的品格，我们要把它作为教育孩子品质的第一步。教育孩子养成诚实守信的好习惯，对孩子的成长是有利的。一定要让孩子知道，要想建立属于自己的良好信誉，就要学会诚实、不说谎、信守诺言。假如常常骗人，别人会觉得你不可靠，即使你对别人说的是真话，别人也会持怀疑态度，那时再后悔就晚了。

虽然家长希望把孩子培养成一个守信用的人，但他们自身的行为却使孩子说谎愈发严重。

在我们的周围，时常会出现这样的状况：

家里的地上有个碎了的花瓶。妈妈便会问这个花瓶是谁打碎的。男孩主动承认之后，结果妈妈却是一顿批评或者惩罚。然而当男孩又一次打碎花瓶之后，妈妈问是谁打碎了花瓶时，男孩害怕受到惩罚，便会说是狗打碎的。这回不但没遭到批评，反而逗乐了妈妈。

很多家长就是这样在无意中让自己的孩子学会了撒谎。

这件事听起来很滑稽，可大部分家长都能对号入座。如此看来，这个孩子长大以后养成了说谎的陋习，那么，到底是家长的责任还是孩子本身的问题呢？

儿童教育专家安德森博士指出：男孩说谎的问题在于他以前主动承认错误后被家长训斥导致的。假如训斥孩子的话，孩子肯定会找借口推脱责任。如果他勇于承认错误后得到的是父母的夸奖或从轻发落，那么，孩子便会喜欢上坦白。这就是大部分家长对孩子教育时的错误所在：对的教育方向、错的教育方式，结果往往南辕北辙。

既然诚信这样重要，那么，我们该怎么样让孩子具有诚信的美德呢？

方法一：在关键时期培养孩子的诚信

往往，孩子为了逃避某种事实便会撒谎。比如，糖粒还在孩子嘴上粘着，坚持不承认自己吃过糖果，这种笨拙的谎言往往令家长一笑而置之，认为这是孩子天真可爱的表现。3 岁以下的孩子说谎，大多流露出的是本性。可从 4 岁起，儿童就开始判断正误。实验证明：5 岁时，92% 的男孩认识到撒谎是不正确的；11 岁时，只有 28% 的男孩觉得撒谎是错误的。显然，最不喜欢说谎的年龄是在 5 岁左右。所以要重视这个时期的诚信教育，只有这样才会取得更好的效果。伴随着年龄的增长，男孩便会有辨别谎话的能力，如果让他们认识说谎会受到惩罚，那么，谎言就会减少甚至消失。

方法二：父母要给男孩树立正确的榜样

要想培养孩子诚实守信，父母一定要做好榜样，任何人都有一种与生俱来的模仿能力，男孩同样拥有这种模仿能力，甚至比大人还要强，很容易受到某种行为的操纵。

春秋时期，曾参是孔子的得意门生。有一次，曾参妻子急着出门赶集，小儿子缠着妈妈要一同前去，妻子便哄骗孩子说："等我回来之后，便杀猪给你做肉吃。"小儿子就不再缠着母亲一起去赶集了。妻子回家了，丈夫就要将猪杀掉。妻子说："不过是哄孩子的玩笑话罢了，你干吗当真？"曾参严肃地说道："孩子小时候心灵十分纯洁，假如连父母都说谎的话，孩子就学会了撒谎。长大之后是不会诚信待人的，这样又让孩子如何立足呢？"为了孩子长大后能学会讲信用，曾参果断地把猪杀了。

假如家长经常骗孩子，不兑现自己所说的话，就会带给孩子说谎、不守信用的暗示，孩子便会跟着模仿。再比如说，假如父母答应要带孩子去游乐园玩，就应该尽可能地去完成对孩子的承诺，假如有突发状况，也要先考虑事情是否重要，如果不是很重要的话，就要履行承诺，如果事情真的很重要，也要记得给孩子讲明原因。至于这些简单的小道理，父母更需要谨记。

其实有时候也需要一些善意的谎言，家长还是要先想好如何向孩子表达，至于有些谎言，如果可以避免，还是不说为好。如果孩子一旦发现家长也在说谎，孩子的心理就会出现偏差，会对孩子的身心发展十分不利。

生活中，许多父母都有可能不自觉地对孩子讲了一些不诚实的话，抑或没有兑现的承诺。在这个时候家长一定要放下架子，以平等的地位向孩子承认错误，这样才会赢得孩子的信任。要知道，只有家长为孩子做出优秀的榜样，孩子才能受到正面的影响。

从小培养孩子诚实守信的习惯，对于孩子来说会终身受益。

要培养男孩敢于向未知的事物挑战

康德说："只有乐观与希望，才能有利于我们生命的滋长，能够鞭策我们的奋斗意志，生出无尽的力量。"

我们的生活不可能总是那么圆满，每个人的一生都注定要跋山涉水，遇见一些从没遇见过的考验或挑战。父母要让孩子明白，遇到未知的事物不要畏惧，或畏缩着不敢前进，只要心中有理想、有信念，那么即使有失败的可能，也不要停止尝试的勇气。

勇气可以让人在遇到挫折时不害怕，不逃避，要勇于接受所有挑战，只要大胆地去行动、去尝试，总会有一些好处，要不收获成功，要不收获经验。

假如在挑战面前，因恐惧失败而不敢前进，放弃机会进行尝试，就没法知道事物的深刻内涵，如果勇敢去做，就算失败，也会因此而获得宝贵的经验。

在美国经济大危机最严重时，有一位年轻的艺术家，他全家靠救济金维持生计，那时他急需用钱。此人擅长木炭画。他画得虽然好，但社会局面却太糟了。他怎样才能发挥自己的才能呢？在那样的艰苦日子里，怎么会有人愿意买一个无名小卒的画呢？

他可以画他的邻居和朋友，但他们也一样没有钱。唯一可能的市场就是有钱人，那么谁是有钱人呢？他怎样才能获得接近他们的机会呢？

他对此思考很久，最终他到纽约一家报社资料室，从那里借了一份画册，画册中有美国一家银行总裁的肖像，于是他到家就开始照着画起来。

他画完像，然后裱在相框里。画得很好，对此他很有信心。但他怎样才能让对方看到呢？

在商界里他没有朋友，所以想被朋友引见是不可能的。他也知道，如果自己想办法约他出来，他肯定会被拒绝。通过信件要求见他，但这种信可能都无法通过这位大人物的秘书那一关。在这种十分困难的情况下，他还是决定不顾一切地试一试，就算是失败也比主动放弃的好。

他梳洗好，穿着自己最好的衣服，来到了总裁的办公室并要求和他见面，但秘书告知他："如果没有预先登记好，见总裁不太可能。"

"真糟糕！"年轻的艺术家抱怨道，同时揭开画的保护纸，"我只是想让他看看这个。"秘书看了一眼画，便接了过去。她思考了一会儿后说道："请先坐，我马上回来。"

一会儿，她回来了。"他说想见你。"她告诉画家。

当那个艺术家进去时，总裁正在欣赏他的画。"你画得很好，非常传神，"他说，"这张画你打算换多少钱？"年轻人松了一口气，告诉他需要25美元，结果便成交了（那时的25美元至少相当于现在的500美元）。

如果你想让你的男孩成为一个成功的人，就必须帮助他锻炼出坚强的毅力、勇气和胆略。一定要向孩子说明，敢冒风险并非不顾危险，敢冒风险的勇气和胆略是建立在对客观现实的科学分析基础之上的。遵从客观规律努力，就会从风险中获得利益，这才是成功者必备的心理品质。

挫折教育对男孩一定不能少

现在的男孩都是在宠爱中成长的，因此他们依赖性强，独立性差。这些"蜜罐里"成长的孩子在享受优越生活的同时，也拥有脆弱的、不堪一击的心理素质。

不少男孩的家长只知道关注男孩的学习成绩，关心他们的生活环境是否舒适，却忽略了他们的吃苦耐劳和挑战精神，而这些恰恰是他们人生所必需的东西。在我们平时的生活中，如何教育男孩面对挫折呢？可以从以下几方面考虑：

方法一：要教男孩无须对挫折感到恐惧，遇到挫折要及时应对

山山长得比同龄小朋友高大，但却经常被幼儿园里一个个子小的男孩欺负，总被那男孩咬脸。山山不会反抗，只会暗地里偷偷地哭，也不敢告诉老师是谁咬了他。老师发现这样的情况，就对他说："不要害怕，一定要反抗，下次他要是还咬你，你就推开他。"在老师的教导下，山山就不再害怕那个男孩了。

家长和老师不可能时时照顾着男孩，要让男孩学会用最正确的态度来对待遇到的挫折，让男孩知道挫折并不值得惧怕，引导他们在克服困难的过程中学会感受挫折，了解挫折。

方法二：为男孩创造困难情况，从而强化男孩的耐挫折能力

有些家长有心对男孩进行"挫折教育"，却得不到良好的效果，原因有两方面。

（1）家长没有把自己放在男孩的位置思考，而是把自己的想法强加于男孩。

高尔夫球、网球等课程非常受欢迎，于是家长们就扎堆地让孩子报这两门课，其实孩子并不感兴趣。家长在每次上课前都为男孩准备好"装备"，充满兴致地送他到培训班去，却没有注意到男孩一脸闷闷不乐的表情。

家长希望男孩的体力和意志力能够通过体育运动而增强，出发点是好的，但是不能因为这样就把自己的想法强加到男孩头上。应该让男孩自己选择自己喜欢做的事情，在从事这项运动受到某种挫折时，孩子才会真正从心底激发起潜在的抗挫折能力。

（2）家长没有及时帮助孩子总结失败原因，使孩子经历失败却无所得。

学校组织演讲比赛，参加比赛的学生有二十名，前三位学生获得前三名，另有七名获得优秀奖。

子建本来充满信心，最后连优秀奖也与他擦肩而过，一直闷闷不乐地站在台下。来观看比赛的爸爸看到儿子这样，就走到儿子身边对他说："输就输了，只是一次演讲比赛，不算什么。"

挫折教育的意义就在于，要由失败总结经验，避免下一次在同样的问题上再次失败。如果仅仅一味安慰孩子，不为他分析出现问题的原因、怎样防止错误的再次出现，那么等下次再遇到同样的问题时，他依旧会再度失败。类似的挫折教育，是没有任何正面意义的，反而会使男孩心理蒙上阴影。

要培养男孩的独立性

男子汉，你要勤奋

能够到达金字塔顶端的只有两种动物：一种是蜗牛，一种是鹰。不管是在天空高高翱翔的鹰，还是平庸的蜗牛，能到达塔顶俯瞰群雄，都离不开"勤奋"这两个字。现在的孩子，身上最缺乏的就是勤奋。

在家里，孩子一般什么都懒得干：

"今天咱家要打扫卫生，你扫地还是擦桌子？"

"可是我要看书呢。"

"要吃饭了，快来帮妈妈摆好碗筷。"

"哎呀，妈妈我要看动画片，妈妈还是你来吧。"

有的父母心疼孩子，认为现在的孩子都这样，就由着孩子的性子来，家务事从来都不需要他们来做，时间长了，男孩就养成了懒惰的习惯。然而懒惰正好是成功的克星。要知道天下没有免费的午餐，要想收获美好的果实，就必须为此付出自己的辛勤劳动。当父母想让孩子做一件事的时候，他总会找出成千上万的理由拒绝。

心理学家研究表明，爱劳动的孩子会比其他孩子稍微聪明一点，一些从小喜爱劳动的孩子，长大后一般都很能干，生活也很美满充实。而很多取得成就的名人，他们的成绩与小时候家长对他们的勤劳教育是密不可分的，富有创造性的脑部结构也是在平时的劳动中磨炼出来的。适当的劳动可以让孩子有个健康的身体，还可以锻炼孩子的意志，培养孩子吃苦耐劳的精神品质。

生理学家巴甫洛夫的父亲十分重视孩子劳动方面的教育。

当小巴甫洛夫长大后，父亲便把他带到了地里，指着一块翻好的地说："儿子，我们种菜吧。"他觉得，给孩子一双勤劳的手就好比给了孩子一双立足于社会的脚，劳动是这个世界上最快乐的事情。

"但是爸爸，我并不会种菜啊。"小巴甫洛夫说。

"没关系，爸爸可以教你啊。"

于是，巴甫洛夫拿着他的小铲子与父亲在菜地里度过了一天，父亲又带着他给菜浇水除草。过了不久，他们种下去的种子都长出了新鲜的嫩芽。后来，父亲又教孩子做木工活。不久，小巴甫洛夫便可以自己动手做一些简单的家具了。

巴甫洛夫在父亲言传身教的影响下，从小养成了不怕苦、不怕累的习惯，每回都是自己动手把东西做好。除了在父亲那里学习种菜以外，父亲还教会了他许多农活。这种从童年里便培养出的品质，成为巴甫洛夫事业上取得的重大成就的原因。

假如要让孩子做一个成功的人士，妈妈一定要注意以下几个方面：

方法一：教会男孩拥有正确的劳动态度

可以选择亲自教男孩劳动，让孩子养成爱劳动的好习惯。一定要给孩子营造一种轻松的氛围，让他认为劳动是最光荣的。俗话说："态度决定一切"，如果想培养孩子对劳动的正确态度，那么，就先从改变他们对劳动的态度开始吧。

方法二：放手让男孩去做

在孩子小的时候就开始让他自己学着穿衣服，学会自己吃饭。等孩子年龄稍微大一点，妈妈做家务的时候也给他分配一点力所能及的家务，例如做饭的时候，让孩子在旁边洗菜；扫地的时候，就让孩子在旁边拖地。当孩子把勤奋当成一种习惯后，孩子不知不觉就会让劳动变成自己生活中的一部分了。妈妈平时也教孩子多帮自己分担一下家务，买酱油，取报纸，晾衣服，买东西等等简单的事情可以让孩子来做。

方法三：千万不要无条件满足孩子

不要孩子要什么便给他什么，一定要让他有所付出。当孩子想要得到一种东西，比如喜爱明星的签名，就要坚持扫一个月的地，一定要让孩子珍惜自己的劳动成果，也让他知道劳动的可贵；如果想要多一点的零花钱，一定要鼓励他自己挣，例如做一个星期的家务就是很好的方法。唯有脚踏实地地取得成果，自己才能过上高质量的生活。

所以，妈妈要想让自己的孩子有出息的话，一定要在他们小的时候培养他们的劳动精神。每个孩子都会有自己的理想，光有理想不付出行动，那么梦想只会落空。妈妈在教育孩子要有实干精神时也要以身作则，为孩子树立良好的榜样，营造一种积极的氛围。当男孩想干一件事情的时候，妈妈会担心孩子做不好便不让他们去做，这会让孩子产生惰性，就算之后有了什么奇思妙想也不想付诸行动了。

男孩有了理想之后，但是又不知道从何下手，妈妈一定要帮助孩子记录下这些梦想，督促他们每天实现一点，并且毫不懈怠地坚持下去。

正确引导，让男孩自己做决定

"横看成岭侧成峰，远近高低各不同。"所有的事情都具有一定的定论，无论是谁提供的意见都只能作为参照，但是要永远坚持自身的想法，千万不要被其他人的论断绊住了自己前进的脚步。如同墙头草一样两边倒，完全没有自身的立场和做人准则，这样必定是无法迈入成功的。

有一名中文系的学生费尽心思写了一篇小说，请一位作家品评。由于作家正身患眼疾，于是学生便把自己写的作品读给作家听。但是学生却忽然停顿下来，作家追问道："是已经完结了吗?"听他的口气却是意犹未尽的感觉，十分期待后续的故事。作家的追问，充分地调动了这名学生积极性，于是灵感立刻如泉涌，接着他马上说道："并没有结束，其实我的下半部分更加精彩呢。"于是他便将自己的构思又一点点地接了下去。

又到了一个段落，作家似乎又意犹未尽地问道："在这里结束了?"

学生想，一定是我的文章写得十分好，能够引人入胜！学生更加兴奋，于是更慷慨激昂、更加富有写作灵感。他接着往下讲起了这个故事……最终，作家的手机很不合时宜地响起了铃声，打扰了这位学生源泉般的思绪。

原来是有人打电话找这位作家有要紧的事，于是作家便匆匆忙忙地准备离开了。学生问道："那剩下没有读完的小说呢？"作家说："其实这篇小说应该很快就收尾了，早在我首次询问你是否应该完成之际，你就应该结束了。为什么后面还要多此一举？该停就应该停下来，在我看来你还是没有把握写作的真谛，特别是缺乏必要的决断。抉择是当作家的重要根基，不然绵延不绝的乱说一通，怎么能够打动读者呢？"

学生感到十分后悔，于是认为这是由于性格太容易受外界的打扰，才难以把控作品，恐怕不能够成为一名作家。一段时间过后，这个学生又碰到了一个年轻作家，十分惭愧地说了这件事，哪里料想那个年轻作家突然惊叹道："你的反应这么迅速、拥有如此敏捷的思维，编故事的能力强大，你拥有的这些是一个作家必备的天赋呀！倘若你能够正确地使用它，你的佳作必定能够大获好评。"

通过上面这个故事，我们一定深有感触。一个没有自身想法的人，或者自身虽然有想法，但是却总是根据他人的想法来改变自身想法，人家说什么就是什么，一味地去迎合别人的人，最终会慢慢地迷失了自我的方向。

明朝文学家吕坤就很不支持做事没有主见的人，吕坤曾说：凡是做事就一定要通过自己的思考来判断对错，而且要有正确的立场与论点。所以他说做事情之前就害怕别人讨论。做一半的时候因为有人提出反对的意见，为此就不敢做下去，这就说明了这个人没有一定的定力，也可以说是没主见。没有定力和主见的人，不是一个独立的人。

站在家庭教育的立场上，假如家里的男孩成天活在别人的世界里，太过于看重别人的看法，尤其是太重视周遭人看自己的眼神，永远存活在他人的世界中。日子久了，男孩便慢慢变得依赖他人，从而失去自我，这样的男孩肯定不会有独立思考的能力。

怎样让男孩成为一个独立思考的人？这需要父母平时在家里通过小事情慢慢培养。

方法一：别拿他与他人比较

日常生活里没有必要总是在孩子的面前夸赞别家孩子如何好。例如"你瞧瞧别人这事干得多漂亮，多让父母省心""别家孩子穿衣真好看"等。这样会让孩子怀疑自身是否有能力做事情，因此，男孩便会逐渐对自己失去信心，导致仿照别人做事，这样便加重了孩子的从众心理。

方法二：一定让孩子坚信自己能行

父母一定要扩大孩子的知识面，要从各个角度提升孩子的素质，创造良好的条件，提供给孩子充分实现自我的机会。男孩自己分内的事应让他独立完成，家长也一定要给予孩子足够的赞赏，加强他对自身的欣赏能力，并且相信他自己也可以做得很好。

方法三：让男孩有自己选择的权利

当孩子在餐厅选择菜样、购物的时候，家长就应让孩子参与到其中来，让他们从小就有发言的权利。做家长的千万不要把自己喜欢的东西强加在孩子身上：比如"我挺喜欢这道菜的""这个衣服更好看""你应该会喜欢这件"等类似的观点是不正确的。如果每次都是这个说法，孩子最终会迷失自己的想法。

方法四：做一名好的评论家，不如尝试做个好的倾听者

妈妈不要总是对孩子絮絮叨叨说个没完，更不要过分苛责孩子，把自己的命令强加给男孩。最明智的方法是能够让男孩有自己的想法，做个合格的倾听者。每当孩子在陈述的时候，不要急于打断，一定要耐心地听孩子一点一点地说下去。

方法五：锻炼孩子的叙述能力

要和孩子多多交流图书或者电视的问题，慢慢地指导男孩把从书本中学来的知识或者从电视上看到的内容，有条不紊地叙述出来，或是让孩子把幼儿园里发生的事情讲一讲，家长应该学会在旁边默默地倾听，在孩子不能表达自己意思的时候，家长应该在旁边给他提示，这种做法有利于训练他们的逻辑思维能力。

方法六：要给予孩子肯定

每次当男孩说出自己的想法时，作为父母一定学会耐心倾听，孩子说话的时候要表示肯定并及时赞扬。如果总是一味地压制孩子想象的翅膀，孩子以后可能再也不会按自己的任何想法做事了。除此之外，每当孩子的看法不合情理时，家长要学会柔和、耐心地解释，做法要让孩子易懂并且能够接受。

方法七：千万不要同男孩说"丢人现眼""太吵了"这样的话语

一定要避免对男孩说"别说了，丢人""太吵了"这样的话语，一定要让孩子相信自己，把自己的看法都倾诉出来。

方法八：让孩子参加适当的体育活动，激励孩子当"领头羊"的角色

很多男孩都喜欢运动，在游戏里，适时地激励孩子充当"领头羊"的角色，锻炼男孩的组织能力以及面对事情时的应变能力。

类似上述法则的方法数不胜数，家长要成为一个善于发现的人，这样便可以时时刻刻有惊喜了。一定要制定针对男孩的方案，才会出现期待的结果。

必须强调的一点是，一定要培养孩子真正独立自主的个性，拥有其自身的看法。父母本身一定要是个有"想法"的家长。如果家长本身就没有主见，总是跟从他人的看法，我们又如何能够奢望这样的家长培养出独立

自主的男孩呢？

学会引导男孩掌握自控能力

在平时的生活中，许多男孩为了得到自己想要的东西，总是会采取无理取闹、乱喊乱叫的办法，这使很多父母头痛，尤其对于平时就溺爱孩子的父母来说更为难。男孩没有自控能力，家长应该怎么办呢？

凯伦夫妇就被儿子的无理取闹弄得很头痛。他们的儿子只有 6 岁，但是性情却很暴躁。在逛商城的时候，只要一不满足孩子的要求，孩子便大发雷霆、大吼大叫，无论怎么和儿子讲道理，他总是听不进去，甚至还会在地上打滚、乱扔东西。

因此，凯伦夫妇用尽了方法，夫妇俩打他、骂他、呵斥他、让他罚站、苦口婆心地讲道理……这些都无济于事，遇到事情之后孩子还是会又哭又闹，脾气没有一点点改变。

没有家长喜欢随便发脾气的孩子，但是事实上发脾气是每个孩子必然会经历的过程，假如父母不加以正确的引导，孩子便会像文中的这个男孩一样，养成乱发脾气的习惯，尤其当不能满足他的要求时，孩子便会没完没了地哭闹起来，直到自己满足为止。

"现在的孩子脾气越来越大了！"年轻的家长纷纷抱怨道："只要不顺心，脾气一下子就上来了。打也不行骂也不行！"现实生活中，这样的孩子确实不少。家长应该如何应对孩子的牛脾气呢？

家长给孩子物质上的奖励，会让孩子觉得金钱是万能的，并且会盲目地崇拜金钱，这不利于男孩的成长。如果经常用金钱作为奖励男孩的方法，最终会害了他。成功的家长提供健康的成长环境，并不是用金钱来消磨孩子的意志，而是让孩子有一个合适的环境，这样更有利于成长。

一部分家长在孩子的教育过程中过分强调物质奖励：今天孩子只不过

是画了幅画，父母便给他物质奖励；孩子只不过是背了几个单词，就又奖励一次……

孩子不听话的时候，反复教育不听，就用孩子喜欢的食物来让孩子听话。这对于孩子来说，物质奖励只是一时的刺激，精神方面的奖励才是孩子应该追求的。

过度的物质奖励逐渐会让孩子变得更加娇气，甚至造成高消费的习惯，这些都不利于孩子形成朴素、有爱心、善良的个性。在孩子成长中虽然要有一定的物质奖励，但是这些应该与家长的精神奖励相辅相成，这样才会有好的教育效果。现在家庭教育方面还存在着很多误区，这些误区对男孩良好行为和品质的形成会造成一定的影响。

父母如何处理男孩间的冲突问题

曾经有一个真实的故事：

有两个孩子玩滑板的时候不小心撞到了一起，摔在地上哇哇大哭。他们的爸爸听完了立刻赶过来拉起孩子，虽然都对对方的孩子有不满意的情绪，但是却没有说出什么不堪的话语。

就在准备离开的时候，两个孩子的妈妈也慌慌张张地下了楼，都开始责怪对方的孩子。于是两位妈妈互相骂起来，两位爸爸也想要动手打架，最终被周围的邻居劝住了，才避免了双方家庭的激战。这边战争刚刚平息，那边摔倒的孩子又说说笑笑的，两个人一起去玩了。

这件事是否让人觉得很可笑？而这样的事情也经常发生在我们身上。年龄相仿的人在一起，小打小闹都是经常的事儿。很多类似的冲突经常发生，这些已经让家长十分头痛，玩着玩着，两个孩子便开始互相打骂起来，这让大人们也很紧张。为何两个孩子在一起会冲突不断呢？

教育学家认为：这些是因为孩子的认知发展不均衡引起的。3~6岁的男孩以自己为中心，他们只是考虑自我的想法，不会为他人考虑，更不会听取他人的意见，这样冲突肯定就会发生了。

除此之外，男孩缺乏社交经验，不会轻易表达自己的想法和感情，有时候好心办了坏事，事后也不会去辩解。男孩之间的冲突矛盾往往都是由一些事情引起的，而且发生矛盾后他们一般都是不记仇的。父母们，假如你的孩子会经常和周围小朋友起冲突的话，不用担心，这其实是孩子成长的必经之路。

孩子间难免会产生矛盾，但是为了培养孩子的独立性，一定要让孩子学会自己解决问题。

一位著名的学者曾经说过："孩子的礼物便是吵吵闹闹，上帝给予他们这个礼物的原因就是要让他们从吵闹中成长……"发生冲突的时候也是孩子学习的过程，对于将来融入社会也有着很独特的价值。孩子自己解决完问题后的成功感和胜利感也是语言教育和行为指导无法达到的。

一位教育家曾经说："听完了我便忘了；看过了我便知道了；做过了我便记住了。"

孩子都有自己的一套理论，他们之间的矛盾，即便自身解决得不好，在孩子的成长过程中也是种财富。只有失败过，才能得到经验的积累，唯有失败过，才会得到真正的成功。

每当孩子起冲突的时候，家长不要干涉，不能运用成人的方法来解决孩子之间的冲突。家长第一步想的便是要抓住这个机遇让孩子学习到一些经验，而不是想尽快解决问题。要知道共同分享、互相帮助等价值观，还有与他人如何共事的行为并不是天生的，这些都是在和同龄人的交往、打闹中慢慢积累的。

男孩之间产生冲突、矛盾，不仅可以使男孩在处理问题时学会交流，还可以帮助男孩改掉以自我为中心的不良习惯。

明明和亮亮是一对好朋友。有一天明明找亮亮玩，这两个孩子分别搭积木房子，但是积木不够，他们没办法搭成一个完整的房子。这二人为了抢积木产生了冲突，吵闹中把搭好的房子也推倒了。两人找到明明的爸爸告状。明明说道："他抢我的积木，我的房子还被他弄倒了。"亮亮也难过地说："你还拿了我的呢。"爸爸看这两个孩子互不让步，就说："如果你们两个懂得互帮互助，那么，房子不是早就建好了吗？"听了这话以后明明和亮亮纷纷回答道："我们俩一起玩这些积木。"爸爸听后也很高兴，说："好的，你们搭好后我给你们照相留念好不好。"两个小朋友听后马上一起搭房子去了。

现在的孩子大多数都是独生子女，自我意识非常强烈，在交往游戏中难免会产生冲突，就好像上面提到的两个孩子一样。因为他们现在年龄还小，还不能明白合作的重要性。

在这个过程中，通过让男孩自己解决问题，能够促进男孩在处理问题中懂得尊重他人、宽容他人，让他们懂得唯有尊重别人、满足别人才能更好地满足自己。

要让男孩在不断探索如何与他人相处的过程中，逐渐学会互谦互让、共同协商、相互合作，不断增长社会经验和了解社会规则，在不断提高人际交往能力的基础上，逐渐增加自己的心理承受能力。

父母不要认为为孩子解决问题是分内的事情，唯有父母才能够想出好的办法。要知道，孩子在自己解决问题的过程中往往会有出乎意料的办法。

家长都应该知道，冲突在孩子成长的过程中是无法避免的，不必惊讶。有一些父母不要因为孩子吃了一点点小亏或者发生"冲突"而去找对方的家长理论，或跑到幼儿园找老师告状。怕自己的孩子吃亏，而对自己的孩子过度保护，对孩子的健康成长是非常不利的。

方法一：父母遇事要沉着冷静，千万不要步步干涉

孩子之间发生冲突、矛盾是再寻常不过的了，而孩子处理问题的方法和成人是不一样的。因此，父母千万不要用成人的方式去帮助男孩。一定要让他们自己去解决问题。

作为父母首先要做的就是相信自己的孩子，相信他们有独立解决问题

的能力，如果父母给了男孩自己解决问题的机会，那么，他们的做法便会让家长刮目相看。当孩子和朋友发生冲突时，家长让孩子在处理同伴之间的冲突中学会成长，并且要在必要时给予帮助。

与此同时，当孩子之间发生冲突的时候，父母也不要擅自介入进去评判是非。在发生冲突后，做家长的要相信自己孩子的能力，要为他们找寻机遇，让孩子慢慢学会自己解决矛盾，所以家长要做一位适当的引入者，这样做不仅能够平缓斗争，而且还能够为男孩的交往能力、道德水平、语言沟通能力的提高提供帮助。

方法二：父母要协助孩子解决问题

孩子一旦产生矛盾，父母不能马上就判断谁对谁错，而是要充分了解冲突的真相。作为家长不能凭自己的想象去推测，而是应该耐心听孩子说话。现在的年轻父母，由于对孩子的溺爱，在孩子之间发生冲突的时候，只会一味地纵容孩子。父母这样做有失风范，同时也会无形中加强了孩子的嚣张心态。有些孩子就会觉得只要有父母在就会为自己撑腰，长此以往，会使孩子越来越骄横跋扈。

也不要因为自家的孩子经常受人欺负就过度保护他，一定要让他多和小朋友一起玩。当孩子真正受欺负时，应该支持孩子，不能骂孩子软弱。

男孩需要拥有一种气度和胸怀

有人问李泽楷："你是不是和你父亲学习了很多成功赚钱的秘诀啊？"李泽楷回答道，父亲并没有教他任何赚钱的技巧，只是教会了他一些做人的道理。李嘉诚对李泽楷这样说过：他与别人合作，如果7分合格的话，那么他就会只拿6分。

李嘉诚想要告诉孩子的是——吃亏是福。你可以假设想想看他只拿了

6 分，但是现在可以合作的人增加到一百个，那么他便有机会拿到更多的 6 分。假设拿了 8 分的话，那么与他合作的便又少了，那么哪个获得的更多呢。这个香港地区富豪多次和他人进行了或长或短的合作，有时候宁愿自己少分到一些钱。假设生意不理想的话，他也可能会什么都放弃了。正是因为他的这种品格，使他的合作者众多，他的生意才会越做越大。他之所以成功便是源于他懂得吃亏是福的道理。

如果人们不能放弃一点儿利益，便会产生骄狂的姿态，那么就必然会侵犯到其他人的利益，四面楚歌之时，又有谁愿意和这样的人合作呢？所以，男孩在同社会上的人相处的时候，吃亏也未必是件坏事，通过这件事情要让他们学会宽容他人，虽然我们不能鼓励男孩去主动吃亏，但是当吃亏来临时要让他们懂得吃亏也是福。

现在有许多男孩，他们为了同一个目标而共同努力奋斗。但是在分享劳动果实时，往往会发生各种矛盾，因为他们谁都不想吃亏，反而都各自斤斤计较。这样谁也不肯让步，那么便会让本来已经要得到手的东西又从手里溜走。父母一定要让男孩明白，在这个世界上其实并没有绝对的公平，千万不要因为自己吃了亏，就一直把不公平挂在嘴边。

父母一定要让男孩明白，在小事上千万不要太拘泥于绝对的公平，实际上世界上根本就没有绝对的公平。一定要从长远的角度来看问题，千万不要斤斤计较，要有长远的规划。

懂得吃亏的人拥有一种气度和胸怀。懂的吃亏的男孩往往都是一生平安，并且生活得幸福美满。吃亏本来就是一种福气，一时的吃亏就有可能换来我们一世清闲。

要深深懂得吃亏是福这个道理。当孩子面临困难的处境，家长一定要告诫他们吃亏其实是一种谋略，不要对眼前利益斤斤计较。

一个大学生来到出版社做编辑，他不仅拥有好的文笔而且还拥有宝贵的工作品格。出版社决定出一套新书，人手不足，但是出版社没打算招人，几乎整个编辑部都进行了抗议，但是大学生却很乐观，没有一丝怨言。随后，他又被调到了市场部去参加销售工作。除此之外，许许多多的零碎活都是由他来干的。不管上面下达什么要求，他都十分乐意帮忙。其他同事都觉得他吃亏了替他愤愤不平，但是后来他却升职了。

他通过吃亏把编辑行业的各个部门的流程都掌握了。他一直心胸开阔，他用吃亏换取了作者的信任；他用吃亏调动了其他员工的积极性；他用吃亏换取了好品格……从另一个角度说明：吃亏成就了他。

如同上面的故事，吃亏就是占便宜。很多男生都不想吃亏，从内心里认为吃亏是丢人的，家长需要做到以下几点：

方法一：在吃亏时安慰男孩

让孩子尽量在吃亏中成长，让他们学会与人相处的经验，人生不单单只是有顺境。当男孩吃亏的时候，家长一定要为他们耐心地讲解，让他们的内心归于平静，尽量让他们找寻自己吃亏的原因。

方法二：培养男孩宽大的胸怀

生活中一些磕磕绊绊的小事情其实没有必要放在心里，唯有在吃亏过后还能拥有一颗包容的心，才会有更多的朋友。

第七章

培养一个待人友善的好男孩

乐于助人是男孩必备品质

明明上完厕所出来，突然发现前面一个低年级同学"哧溜"一下滑倒了，眼镜摔出老远。明明见状，不仅没有帮忙，还在后面哈哈大笑起来。这时，杨老师过来了，他赶紧扶起那位同学，还帮他捡起眼镜。明明一看情况不妙，赶紧溜之大吉。

放学回家时，明明看到赵奶奶提着一大篮菜吃力地走着，就赶紧放慢了脚步。赵奶奶一回头，还是看见了他，就喊道："明明啊，快来帮帮忙吧，奶奶贪便宜买多了，帮我抬着篮子，好吗？"明明推辞不过，只好跑过来帮忙。

刚走到门口，明明的妈妈看见他们了。赵奶奶对明明表达了感谢，还要送他父母一些菜，明明的父母推辞了。赵奶奶说："明明这孩子不错，我喊他，他就过来帮忙。"妈妈也高兴地拍拍儿子的头说："变乖啦。"明明没有想到，帮助人也是快乐的，他马上为自己在学校的做法后悔了。

给他人力所能及的帮助，是一种美德，自己也能从中收获快乐。做个乐于助人的孩子，也能得到他人的支持和帮助。孩子要想在开放、交融的社会环境中获得成功，就离不开他人的帮助。

孩子乐于助人，从一些生活小细节中就能体现，也许只是一句关心的话，扶人一把，帮忙提一下重物，都能展现孩子乐于助人的精神。孩子心中有他人，眼中有他人，才能知他人疾苦和冷暖，才能在他人危难、困顿时及时提供帮助。

孩子在他人急需帮助时无动于衷，是缺乏同情心的表现，这样的孩子，在人际交往中常常陷入困境，他无法清楚地理解对方的意图，无法准确有效地实现合作，这不利于孩子走向成功。

好人缘就是从相互帮助中获得的，孩子只想获得，不愿意付出，就只能渐渐远离好人缘。助人为乐最初是在帮助他人，最终是在帮助自己。父母要让孩子明白这一点，当他在帮助他人时，也是在为自己积累人脉，养成良好的品德，树立正面的个人形象。

（1）父母要有一副热心肠。任何一种优秀品质，都离不开家庭氛围和父母榜样的熏陶和影响。乐于助人的父母，能够时刻影响孩子。乐于助人体现在细节上。父母与楼上、楼下的邻居关系都很好，谁有困难都热心帮助，是个热心肠的人，孩子就会以父母为榜样，也会喜欢乐于助人。

同时，父母也要及时赞赏孩子乐于助人的行为，让孩子喜欢上这种行为。父母在生活细节上给孩子的影响更多，父母的古道热肠时刻影响着孩子的观念和行为，时间长了，孩子在遇到人需要帮助时，也会慷慨相助。

（2）让孩子首先学会服务父母。孩子和父母的关系最密切，孩子通过学会为父母服务，直接能体验到助人为乐。父母要多给孩子一些机会，让他为父母尽爱心。

陈冬在看电视，妈妈洗了一上午的衣服，累得腰酸背疼，就对儿子说："儿子，你帮我捶一下腰和背吧。"陈冬让妈妈躺在沙发上，边看电视边给妈妈捶背。妈妈一会儿就睡着了，陈冬帮妈妈盖上了棉毯，调低了电视声音。看着妈妈熟睡的样子，陈冬很开心。

孩子为父母服务时，也能体会到快乐。父母在家庭生活中，要多鼓励孩子做这些事，孩子一旦养成习惯，就能够自觉地为别人着想。这样，孩子就会变得更具有孝心和同情心，在生活中乐意给人提供帮助。

（3）创设情景，让孩子体会助人为乐。父母可以为孩子创设情景，让孩子在游戏中体会帮助人的快乐：父母可以模仿故事情节，选择一些角色扮演类的游戏。

小超和妈妈上楼，妈妈故意说："哎呀，包好重啊，我提不动了。"小超赶紧说："妈妈，我来帮你吧。"妈妈把包递给他说："谢谢你！"回到家，母子俩又开始玩游戏。妈妈扮演病人，小超扮演好心的路人，小超要把"病人"安全地送回家。母子俩玩得很开心。

帮助人是一种快乐，孩子只有去体验，才会喜欢上这种快乐的感觉。

游戏、情景剧中的助人为乐，同样能让孩子体味到快乐。父母可以通过情景来创设助人为乐的机会，让孩子多一些锻炼、体验。

乐于与人分享，才能体会快乐

小飞的父母都是小学老师，从儿子很小的时候他们就教导儿子要学会与人分享。

邻居小梦的父母离婚了，小梦跟着妈妈过。小飞特别喜欢和小梦玩，总是把父母给他买的零食分给小梦吃。

一次，小飞的父母给他买了一本图画故事书，非常好看，小飞就拿着书赶快去找小梦，两个孩子一起阅读这本书，非常快乐。父母为儿子有一颗乐于分享的心而欣慰。

小飞也经常和父母分享自己的快乐和悲伤。分享快乐，小飞会感到更加快乐，而把不高兴的事同妈妈分享，小飞就感觉不那么悲伤了。

乐于与人分享的人，都有一颗开朗、乐观、宽容、大度的心。能够把自己的东西拿出来与他人一起享受，这首先就体现了一种大方的胸怀。乐于分享的人更容易与人相处，也能更好地处理人际关系。

现代社会是一个信息化时代，信息化时代有一个显著特征，就是资源共享。一个人如果紧守着自己的一点资源，不懂得把它拿出来和大家分享，那么这点资源就是死的，不能把它变成活的资源，更不能使资源增值。

父母要让孩子从小就养成和人分享的习惯，无论是悲伤、快乐、物质、知识等等，都可以拿出来和人分享。分享的好处是，你可以化解掉自己的不利因素，成倍地增加积极因素，同时可以分享朋友的资源，一定会收获更多。

父母在培养孩子分享的过程中，要以身作则，为孩子树立一个好榜样。对孩子加强引导，让孩子体会到分享的乐趣，做到愿意和人分享，乐于和人分享。

孩子都有很强的可塑性，父母要根据孩子不同的年龄，看待孩子与人分享的态度。不能看到孩子不和人分享就批评孩子，认为孩子是错的。父母要从孩子的角度出发，明白孩子的行为与年龄及经验有关，然后区别对待，不可操之过急。

（1）不要"逗"你的孩子。当孩子还小的时候，父母不要欺骗孩子的感情，比如，当孩子手里拿着吃的东西，父母问他要一些，当孩子递过来的时候，父母却说："逗你的，你自己吃吧。"

孩子不会区分这样的游戏，重复多了，孩子就会认为根本不用给父母，因为父母是逗他的，不会接受他的东西。这样很难培养孩子分享的习惯，所以当孩子愿意与父母分享的时候，父母一定要愉快地接受。

（2）鼓励孩子与人分享。无论是吃的、玩的还是用的，父母要鼓励孩子与人分享。"爱孩子就要给孩子最好的"，这是父母的共识，但是在培养孩子与人分享的习惯时，父母要懂得，"爱孩子就要让孩子把最好的与人分享"，这样才能真正培养孩子与人分享的习惯。

成成的父母给他买了个玩具小火车，他每天在家里玩得不亦乐乎。一天，朋友带孩子来家做客，那个孩子看到成成玩得很投入，也想参与进来，可是成成却不搭理他，看他凑近，还说："你一边玩去，别碍事。"

妈妈听了很生气，于是温和地说："你们一起玩吧，那样会更有意思的，我和阿姨说话，你照顾好弟弟，行吗?"成成立刻答应了。事后妈妈问："两个人好玩吧，你以后要学会和人分享快乐。"成成点点头。

孩子有时候会使点小脾气，这时父母要温和地和他说话，引导他和人一起分享自己的东西。

（3）让孩子与人分享自己的心情。父母要告诉孩子，可以与人分享的不仅是物质，还可以是心情。要鼓励孩子在高兴、气愤或悲伤的时候，都把它拿来和亲人朋友分享。

小鑫考试考砸了，心情很糟糕，回到家就把自己关到屋子里，父母叫他出来吃饭他也不理。父母轻轻敲开小鑫的房门，进去和他聊起来，问他今天怎么了，小鑫就把今天考试没考好的事告诉了父母。

父母说："每个人都有失误的时候，这没什么大不了的，下次注意就行了。"小鑫把自己的烦恼说了出来，又听了父母的一番安慰，心情好多了，就跟着父母出去吃饭了。

通过诉说的方式把心情表达出来，这也是一种分享。父母要让孩子明白，与人分享你的快乐，快乐就会变成两个；把悲伤和人分享，悲伤就会减半；多和人分享，生活就会多一些快乐，而少一些悲伤。

（4）对孩子的分享说"谢谢"。当孩子给父母分享他的东西或快乐心情时，父母要说谢谢，让孩子感觉到被尊重，感觉到分享的快乐。孩子只有感受到分享的快乐，才能促使他不断地和人分享；如果接收不到任何回报，或仅仅是自己的付出，孩子就会拒绝下次和人分享。

所以，在孩子与自己分享的时候，父母要对孩子表达出谢意。只有这样，才能让孩子感觉到满足，这会激发孩子更多与人分享的行为。

让男孩理解尊重他人就是尊重自己

古人云："人敬我一尺，我敬人一丈。"尊重别人，别人也会尊重你。反之，不尊重别人，别人也不会尊重你，尊重是与他人沟通的基础。尊重他人就是尊重了自己，怀着一颗感恩、宽容的心去生活，要知道"人与人都是平等的。"

"尊重别人就是尊重自己、帮助别人等于帮助自己。"基于这样的理念，也正是由于对别人的尊重和对生活的热爱，才能赢得众多的朋友，成就一番事业。要教会孩子尊重别人这种品德，要懂得这种品德并非是天生就具备的，它是父母良好教育的结果。父母应该尊重孩子。英国著名教育家斯宾塞说过，野蛮产生野蛮，仁爱产生仁爱，这就是真理。如果你对待孩子没有感情，那么他们对待别人同样就变得没有感情，而用良好的友情去对待他们，就是一个培养他们友情的手段。也就是说，以应有的尊重对待孩子，孩子才会懂得对他人尊重。因此，父母在这方面所承担的教育义务是义不容辞的。

美国有一个男孩叫拉凡·斯蒂恩，他的家住在北达科他州莫特市的一个草原小镇上，爸爸在那里开了个小商店，称之为"我们自己的五金家具店"。拉凡·斯蒂恩从小就在店里帮忙，他自然就学到了从商的技能。

开始，拉凡·斯蒂恩只是做些诸如打扫卫生、把货物摆到货架上，以及包裹材料之类的零活，后来就开始接待顾客了。在这期间，拉凡·斯蒂恩逐渐了解到这项工作的意义不仅仅是生存和销售。有一天，父亲给他上的一堂课让他永远铭记在心。那是在圣诞节前，他当时上八年级，只在晚上帮爸爸干活，替爸爸管理玩具部。这天晚上，一个五六岁的小男孩走进商店，身上穿着一件棕褐色的旧衣服，袖口又脏又破，他的头发乱七八糟，还有一绺头发直直地立在前额上。他的鞋子磨损得非常厉害，有一只鞋子的鞋带还是断的。在拉凡·斯蒂恩看来，这个小男孩非常穷，穷得根本买不起任何东西。他在玩具部左看右看，不时拿起一两件玩具，然后又仔细地把它们放回原来的位置。

爸爸下楼走到小男孩身边，和蔼地问小男孩想买什么。小男孩说他想为他的兄弟买一件圣诞节礼物。爸爸对待他的态度就像接待成年人一样，这给他留下很深的印象。爸爸告诉小男孩随便看，尽管挑，小男孩确实这样做了。大约20分钟后，小男孩小心翼翼地拿起一架玩具飞机，走到爸爸面前说："先生，这个多少钱？""你有多少钱？"爸爸问。

小男孩握着的拳头松开了，手掌因为紧握着钱而留下一道又湿又脏的折痕。手掌展开后，里面有两枚一角的硬币、一枚五分镍币和两便士，折合27美分。而小男孩选中的玩具飞机价值3.98美元。"你的钱正好够。"爸爸说着接过小男孩手中的钱。爸爸的回答至今仍在他耳畔回响。在他为小男孩包裹礼物的时候，他心里一直在想着这件事，当小男孩走出商店的时候，他没有再去注意小男孩身上那件又脏又旧的衣服和他乱蓬蓬的头发，以及那只断了的鞋带，只看到一个怀抱珍宝的容光焕发的男孩。

父亲为什么要赔钱把小飞机卖给那个小男孩？因为父亲知道小男孩是想"为他的兄弟买一件圣诞礼物"，父亲看重的不是这架飞机能赚多少钱，而是小男孩的爱心，因为大爱无价！父亲为什么不直接把小飞机白白送给小男孩，而是问小男孩"你有多少钱"？因为父亲心里想的不是施舍给他，而是帮助他用自己的力量去实现自己的爱心。当小男孩展开手掌，数出比飞机价格低得多的 27 美分时，父亲却说"你的钱正好够"，这极大的尊重，让男孩子产生了极大的成就感。父亲的一系列行动让斯蒂恩懂得帮助一个弱者，不是去施舍他，而是帮助他获得自信，获得成就感，这是对人性最大的尊重。

斯蒂恩在父亲一言一行的感染下，学会了看人不是"以貌取人"看他的衣着，而是看这个人的内在品质。当这个五六岁的小男孩刚刚走进商店时，斯蒂恩看到的是他"头发乱七八糟，还有一缕头发直直地立在前额上，鞋子磨损得非常厉害，有一只鞋子的鞋带还是断的……"但在父亲的影响下，斯蒂恩改变了他的眼光，当小男孩走出商店时，他"只看到一个怀抱珍宝的容光焕发的男孩。"

作为父母就要处处尊重别人，成为家庭当中尊重别人的榜样。有一些父母十分喜欢在背后议论别人，嘲笑别人的短处。被嘲笑的人当然并不知道，然而却给孩子留下了不尊重别人的"榜样"。有的父母把盲人称作瞎子，把一只眼睛失明的人叫作独眼龙，还有的父母喜欢叫别人的外号。所有这些不尊重别人的行为都会在很大程度上给孩子带来不良的影响。

培养孩子学会尊重他人，在日常生活中就是教导他要学会平等待人、诚实守信、善于助人、宽容大度，形成良好的人际交往习惯。就像是斯蒂恩的爸爸所用的身教的方法教会他要平等待人，不能以异样的眼光来看待别人，这也是一种收获。

不管社会如何发展，观念如何更新，思想怎样进化或开明，相互尊重的美德是不能摒弃的。为人父母者，要教会孩子秉承传统的为人之道、处世之理，让孩子学会尊重！因为只有让孩子学会尊重他人，才能使孩子赢得他人的尊重。家长必须教会孩子尊重别人，就像你要别人尊重你一样，你必须承认别人应有的同样权利。必须会正确待人，并且赞扬他们的努力，原谅他们的错误，正如你期待别人原谅你的错误一样。我们应该教育孩子，尊重别人的工作、劳动和意愿，让我们孩子真正做到文明礼貌，还要让孩子学会诚实地表现出我们对他人或某一事物的欣赏、感激等。另外，家长言传身教的潜移默化作用也非同小可，因此，家长一定要注意自己的言行举止，以免给孩子带来不良的引导作用。

从斯蒂恩的例子会使我们明白：一个有教养的孩子应该学会同情别人、帮助别人。尊重别人的人才会受到尊重，尊重别人其实也就是尊重自己。

有的孩子被惯坏了，不懂得替别人着想，有一点儿不随心就发脾气。这个时候，家长怎么做呢？

妈妈带星嘉去小饭馆吃饭，点了星嘉最喜欢吃的鱼香肉丝。星嘉只吃了一口就扔筷子了："什么破鱼香肉丝？都是菜，没有肉丝。"妈妈看了儿子一眼，依然不动声色地吃。妈妈平时做菜很好吃，又经常出入大餐厅，居然能吃得惯这么难吃的菜？星嘉心里很纳闷。

"有那么难吃吗？这是小店，不是大饭店，店主人那么热情，价格也不贵，体谅一下吧。不要随便发脾气，要照顾到他人的感受呀。"听妈妈这么一说，星嘉想到了进门的时候，店主人诚挚而热情的笑脸，又拿起筷子，默默地吃了起来。

这次经历让星嘉懂得了一个人要时刻体谅他人的感受，不能随意伤害别人。有一次，学校食堂做了肉炒笋丝，很多同学都说不好吃。唯独星嘉一声不吭地吃光了所有的菜。同学们奇怪，觉得星嘉很牛。星嘉说："昨天排骨炖土豆、炒豆角你们不是吃得都很香吗？偶尔一次不好吃，你们就这样，食堂师傅多伤心呀！就是神仙做的菜，也不能保证每天都合口味呀，不管怎样，我们都应顾及他人的感受！"同学们听了有道理，每个人又都埋头吃饭了。

如果家长能够体谅他人，孩子受家长影响，也会善解人意、顾及他人的感受。所以，家长在日常生活中，要做到处处善解人意、为他人着想，不刁钻古怪，不为难他人，遇到事情宽容大度。

比如，被人误会了，只要澄清了问题，就不要纠缠下去；在拥挤的地方，被碰了、踩了，只要没有伤害，就不要得理不饶人；别人说话不好听，一笑而过，没什么的，何必较真；亲戚朋友之间，多讲仁爱，为了亲情肯于牺牲物质利益，不因为一点儿私利而争执不休……父母是孩子的榜样，父母什么样，孩子就会是什么样。

要想让孩子顾及他人的感受，家长先要照顾到孩子的感受。孩子不开心的时候，不要去惹孩子；孩子不喜欢的事情，不要强迫孩子去做；孩子在乎的事情，父母不要去打扰；孩子需要经常和父母待在一起，家长就不要以各种理由，让孩子自己在家；孩子渴望和家长交流，把自己的想法说出来，家长就要给孩子机会，耐心倾听，而不是随意打断孩子，甚至嘲笑孩子幼稚、单纯……

阳阳的妈妈是有名的小提琴演奏家，妈妈希望阳阳能够继承自己的衣钵。可是，阳阳告诉妈妈他不喜欢小提琴，他喜欢钻研美食。妈妈已经观察到了儿子在小提琴方面很有天赋，但是她不能不顾儿子的感受，而强制儿子学习小提琴。于是，妈妈告诉儿子："如果你愿意，可以放弃小提琴，学习美食！但是，妈妈希望他坚持练琴！因为练琴并不耽误你钻研饮食文化！"看到妈妈说得那么诚恳，阳阳不忍心伤了妈妈的心，他在学习制作美食的时候，没有放弃小提琴的学习。结果，阳阳不但成了著名的小提琴演奏家，还成了有名的美食家。

在这个世界上，自己才是最了解自己的人。家长可以帮助孩子去了解他自己，但是绝不可以不考虑孩子的感受。尊重孩子的感受，孩子才会照顾到他人的心情。孩子感受到家长对他的爱、关注与期望，才能化作成长的动力。

在一些家庭事务中，家长要照顾到孩子的感受。比如父母因为工作调动要搬家，家长要事先跟孩子解释，让孩子有个心理准备。选择新家的时候，要让孩子参与选择，这样，就能弥补搬家给孩子带来的损失。

有的家长觉得搬家是大人的事，孩子跟着走就行了。这样想，是典型的没有考虑到孩子的感受。孩子在一个地方生活了几年，甚至十几年，对环境有了感情，交了很多朋友，陡然离别，会让孩子心情惆怅。如果家长提前告诉孩子，让孩子有个告别过程，和朋友交换好联系方式。以后，孩子处理起类似事情来，也会照顾到每个人的感受。

男孩要谦虚更要学会欣赏别人

孩子，在你成长的旅途中，你是否懂得用欣赏的眼光来看待周围的人？

欣赏别人是一种谦虚的心态，不要认为欣赏别人就会降低自己，恰恰相反，在你欣赏别人的同时，你的内心也会得到升华。

孩子，当你懂得欣赏别人优点的时候，别人也会欣赏你的优点，你的人际交往将有一个更加开阔的前景。

一个内心封闭的人，是不会懂得欣赏别人的，我们应该让自己拥有开放的心态，去发现别人的优点，取长补短，而且在这个过程中，你要学会赞美别人，真诚地去鼓励别人。

孩子，如果稍微留意一下，你就会发现这样一种现象：你们班的某位同学成绩并不是很优秀，但他却能当选为班长。一般情况下，能当选为班长的同学一定具备很强的组织能力和管理能力。那你想到过没有，他为什么有组织能力和管理能力呢？别人为什么又心甘情愿地服从他的领导呢？其实这里面有一个很重要的原因，那就是他善于发现别人的优点，懂得欣赏别人。他欣赏别人，别人也自然会信服他、服从他。这就是班长的魅力所在。当然，这只是懂得欣赏别人的好处之一。

反之，如果你不懂得欣赏别人，就会产生两种后果：一是别人会认为你自以为是，从而渐渐疏远你；二是你这种心态会导致你固步自封，从而形成以个人为中心的盲目自信，最终你会落后于别人。因为你看不到别人身上的优点，也无法吸取别人身上的长处。

一个男孩叫园园，他对自己的人际关系感到非常困惑，他总希望自己能有较好的社交能力，可是见了人常常不知道该说什么，因此很少与人交谈，后来他的性格变得更加内向。他希望能使别人快乐，也使自己快乐，但是却不知道该如何改变这种状况，于是，他请教了班主任老师。后来，老师教给他一种方法，那就是先学会欣赏别人。因为在集体中，每个人的性格都不同，或许每个人都有自己的优点或缺点，但如果懂得发现别人的优点、宽容别人的缺点，客观、准确地对他人的优点给予真诚地赞美，就能营造良好的交往氛围，从而使自己摆脱孤独的境地。

孩子，你赞美过你的同学吗？还是只是一味地只想得到别人的赞美？要知道吝啬赞美，吝啬鼓励，吝啬感谢，别人还回的是加倍的吝啬。有一句话叫"种瓜得瓜，种豆得豆"，那么，我要告诉你的是种下欣赏，你会获得更多的赞美。

善于赞美别人的人，是幸福的人。一支蜡烛不因点燃另一支蜡烛而降低自己的亮度，甚至在点燃的瞬间，会使自己更加辉煌！所以，孩子，我希望你对自己做出一些新的尝试：

（1）你需要经常观察那些人缘好的同学所接触的人，以及他们的处事方式。从他们身上找到成功的原因，向他们学习欣赏、赞美别人的方式。

（2）找到曾经被你忽视的同学，分析他们的优点，赞美他们的长处，和他们打成一片。

（3）当自己遇到困难需要帮助的时候，如果有人伸出援助之手，你不仅要学会感激，还要学会回报，多帮助别人，将有利于建立良好的友谊。

男孩，你要学会信任他人

信任是指相信而敢于托付。倘若你迟迟不敢去信任一个值得你信任的人，那永远不能获得爱的甜蜜和人间的温暖，你的一生也将会因此而黯淡无光。

信任是一种有生命的感觉，也是一种高尚的情感，更是一种维系人与人之间关系的纽带。你有责任，有义务去信任另一个人，除非你能证实那个人不值得你信任；你也有权受到另一个人的信任，除非你已被证实你不值得那个人信任。

《出师表》里有这样的一句话："亲贤臣，远小人，此先汉所以兴隆也；亲小人，远贤臣，此后汉所以倾颓也。"诸葛亮从两种截然相反的结果中为我们提供了信任对象的品格。这条贤臣与小人的定律应用到现实生活中也无不可。当然，"小人"与"贤臣"不会写在脸上，还要我们用心去判断。

信任，其实也是一种责任，把自己的约定当作一种大事，那你也做到了"信任"二字的含义。

晏殊信誉的树立就是一个有关信任的故事。北人晏殊素以诚实著称。14 岁时，有人把他作为神童举荐给皇帝。皇帝召见了他，并要他与一千多名进士同时参加考试。结果晏殊发现考试是自己十天前刚练习过的，就如实向真宗报告，并请求改换其他题目。宋真宗非常赞赏晏殊的诚实品质，便赐给他"同进士出身"。晏殊当官时，正值天下太平。于是，京城的大小官员便经常到郊外游玩或在城内的酒楼茶馆举行各种宴会。晏殊家贫，有时在家里和兄弟们读写文章。有一天，真宗提升晏殊为辅佐太子读书的东宫官。大臣们惊讶异常，不明白真宗为何做出这样的决定。真宗说："近来群臣经常游玩饮宴，只有晏殊闭门读书，如此自重谨慎，正是东宫官合适的人选。"晏殊谢恩后说："我其实也是个喜欢游玩饮宴的人，只是家贫而已。若我有钱，也早就参与宴游了。"这两件事，使晏殊在群臣面前树立起了信誉，而宋真宗也更加信任他了。

这世界上，信任是一种弥足珍贵的东西，没有人用金钱可以买得到，也没有人可用利诱或用武力争取得到。它来自一个人的灵魂深处，是活在灵魂里的清泉，它可以拯救灵魂，滋养灵魂，让心灵充满纯洁和自信。

第八章

培养高情商、爱学习、兴趣广泛的优秀男孩

阳光未来丛书
培养高情商聪明优秀男孩

YANGGUANG WEILAI CONGSHU
PEIYANG GAOQINGSHANG CONGMING YOUXIU NANHAI

男孩要明确学习动机，调动学习积极性

良好的学习动机就是有强烈的求知欲望、好奇心以及积极的学习态度。孩子热爱学习、主动学习是每个家长的期望，现实却往往事与愿违，很多孩子学习的时候没有动力。

学校来了一位新校长，他给初三的孩子下了一条新目标，中考上线率要达到70%，这个标准不算低。学校模拟时，上线率只达到了60%，教务主任找校长修改目标，校长说，我专门给初三的孩子开个会。会上，他讲了三句惊人的话。第一句，他说："从今天起，我决定，初三的孩子只准吃肉，不准吃青菜。"孩子听完，想："嘿，为什么一直让我们吃肉？那岂不是会长很胖？"孩子们意见都很大。第二句，他说："看那些吃肉的动物都是勇猛的，只要是吃草的动物都比较老实。"孩子们顿时恍然大悟：原来校长是要他们像老虎一样勇猛，而不要像牛羊一样平庸。然后，校长说了第三句话："你都考不上高中，怎么能做老虎呢？真正要当老虎的，就先考个好高中！"说完这些，校长就离开了。之后的考试结果出人意料，中考上线率达到75%。

要让孩子明确学习动机，这样，才能让孩子更积极地学习。

那么，如何形成积极的学习动机呢？

1. 树立崇高远大的目标，明确学习目的和意义。

家长应给孩子订立一个高目标，让他们更努力地学习。这个目标不妨设得更高一点，让他们有一种不断追求、不停超越的感觉，以此来激发他们的潜能，强化学习动力。

2. 强化学习动机，培养独立进取的个性。

独立进取与学习动机有很密切的联系，独立进取意味着孩子有很强的进取心，这样的人在学习中有很强的自我约束力，因此学习成绩会很好。

3. 注意调整学习动机的水平。

有了学习动机，但是动机过强或者过弱都是不可取的。过强会造成放弃一切与学习无关的活动，每天不停地学习，其结果只能带来身体的损伤；而动机过弱，就会造成学习无计划、没目标等不良后果。

4. 计划好学习的每一步。

制定长期完善的学习计划会使你有非常明确的目标，时刻都知道自己处在一个什么位置，离目标有多远的距离，这可以大大减少学习的盲目性，使整个学习计划紧张有序。

5. 培养良好的集体氛围。

身处一个良好集体氛围中，会在无意中对你产生积极的影响，你会受到集体中其他成员的带动，从而提高效率。因此，在一个相互竞争又相互理解和支持的集体氛围中，能够对学习动机产生积极的影响。

有两个妈妈是大学同学。寒假的时候，妈妈带儿子去同学家做客，正好同学家也有一个儿子。妈妈开始询问男孩上几年级。他回答："阿姨，我才上高一。""高中在哪个学校呢？""在南开中学。"那是一所很好的学校。"成绩如何呀？"男孩又回答："期末考试在班里排第一。"妈妈回头看看自己的儿子，他多希望自己孩子也是那么的优秀啊，可现实是孩子学习一般，在一所普通中学上初三。妈妈一直闷闷的，但始终没对孩子提学习的事，知道那会打击到孩子的自信心。

看到妈妈心里难过，男孩想："不行，我一定要学出个样来给妈妈争口气！"之后，他一直以阿姨家的儿子为榜样，三年后高考，竟然成了当地的高考状元。

人的成长，有时候会很神奇，它可以达到任何你想达到的境界，只要你为之付出足够的努力。

面对知识海洋，男孩要相信自己能行

要让孩子具有独自探索知识的能力，就要让孩子自主地学习。能力是靠自信和乐观累积起来的，只有让孩子意识到自己有这样潜在的能力，相信自己一定能成功，他们才能在求知的旅程上大步前行。要让孩子在各种挫折和困难面前能够从容面对，就要培养他们积极乐观的心态，在人生的道路上奋斗到底。唯有不断激励、鼓舞自己，孩子才能在自主学习中获得成功！而父母在培养孩子自主学习的过程中，应该从小事做起，要懂得尊重孩子并且鼓励孩子克服自己的自卑心理，这样才能使他们在自己的学业上能有个惊人的成绩。

晓丹是一个在乡镇学校上学的高中生。那年学校一共招了40个孩子，但等晓丹上高二时，一个年级就只剩下了22个学生，老师没有动力教，学生没有心思学。到了高三，晓丹觉得如果再这样下去，自己的大学梦就要泡汤了。于是，晓丹骑车到了距离乡镇二十多千米外的县城重点中学，打听到学校最好的老师后，他给老师讲了自己的情况，恳请老师收留他并实现他的大学梦。

老师无奈地对他说："依照你的现有水平恐怕不能够跟上学校的进度。"但是，晓丹是个固执的孩子，他说："老师，看在我大老远从乡镇骑车过来的份上您就把我留下吧！"老师看出他是个诚恳的孩子，对他说："要留下也可以，我有个条件，如果你在期中考试能够在班里考到前50名（当时班里一般都是60~70个孩子），我就要你；如果没有进前50名，你就回去吧，你看行不行？"

晓丹点头说行。可是在期中考试时他只考了第53名。晓丹沮丧地收拾行李走了，走到半路，觉得不管怎么样都应该和老师道个别，于是他便背着一箱子的书，不顾疲惫劳累又走了回来，他见到老师说："老师，我这次成绩并不理想，没有达到您所要求的目标，我是来跟您道别的，我就要回去了。老师，我明白了天生我就不是考大学的料，我还是踏踏实实务农吧。我今天过来看看您，感谢您这段时间对我的鼓励和帮助，我不会忘了您的。"

老师觉得对于基础差的他来说，能够考到 53 名，已经相当不容易了。就对他说："你怎么能这么没有自信呢？在一个月的努力里，你从刚开始的倒数第一考到 53 名，已经很厉害了，你是个有潜力的孩子！你又怎么能说自己考不上大学呢？如果你继续这样冲刺的话，我相信你一定能够考上大学的，这就要看你有没有信心接受这份挑战，完成自己的梦想了。"

晓丹很感动，他没想到老师会这样说，就问："老师，我还能继续留下来学习吗？"老师说："当然可以，你能不能对自己有点信心，给自己争口气？用你自己的实际行动证明你可以？"晓丹没想到结局是这样的美好，于是他天天埋头苦学，学习劲头就像饥寒交迫的人看见了面包一样，他每天早起晚睡，完全沉浸在努力学习的乐趣中。

果然他不负众望，期末考试的时候在班里取得了 23 名的好成绩。与此同时，班里的其他同学也感受到了晓丹带来的竞争压力。在考了 23 名之后，晓丹又增强了自己的自信心，他不再满足于只考一所普通的大学，而是要努力考到一所好大学！晓丹仍然努力学习着，一年过后，他取得了全年级第八名的好成绩。也就是这时，他下定决心要考进清华大学。

还有一个月就要高考了，在测验中他考到全班第五名。他对老师说："老师，如果高考能够推迟一个月，我一定能考全班第一名。但是已经没有时间了，我上不了清华了。"老师说："时间已经足够了，你短短的几个月时间成绩能从倒数第一变成前五，以你现在的这个水平，在高考之前继续努力，清华是肯定能考上的，这就要你对自己有信心！"最后，晓丹以全校排名第三的好成绩如愿进入清华大学。

一个人究竟有多大的潜力？这就看你的信心有多大了。有了信心才能把自己的潜能激发出来，焕发自己奋斗的热情，那最后的成绩也就不可估量了。

往往在学习上不能坚持下去的孩子，绝大多数都是自信心不强的孩子，他们不能克服困难去实现自己的学习目标，没有毅力坚持下去，对自己能否完成学习任务产生怀疑，久而久之，也就很难对学习产生兴趣。家长做的最重要的事就是让孩子对自己有信心。那么，家长怎样做才能让孩子在学习上对自己产生信心呢？

1. 平时不要让孩子感受到压迫感，营造舒适的家庭氛围。

2. 生活上要对孩子多些关心。

尤其是在一些小事上，和孩子一起制订、分析学习的目标，鼓励他们勇敢向前迈进，在完成任务时也要给予孩子表扬。

3. 家长应该时刻表扬和鼓励孩子完成学习目标。

父母对孩子的评价往往是孩子对自己最基本的认识。我们身边的家长总是对孩子的指责和批评多过表扬和鼓励，他们觉得这样孩子才会有所改善。但事实上，这会带来负面的影响，人不会由于责备而变好。孩子的自信心必须通过父母的不断表扬和鼓励才能建立。家长一定要多多地挖掘孩子优异的一面，并用愉快的心情赞扬孩子的优点，哪怕是一点小小的进步，作为家长也应当及时鼓励。

4. 不要将其他的孩子和自己的孩子做比较。

父母简单的比较会使孩子觉得自己不如别人，从而更加丧失自信心。家长的首要任务不是盲目攀比，而是帮助孩子找出并发展他的优点。

5. 对孩子的失败和挫折要给予充分的理解和帮助。

很多家长总是习惯在孩子考试不尽如人意的时候劈头盖脸地训斥一顿，甚至会有阴阳怪气的冷嘲热讽，没有安慰或同情。孩子们也需要家长的鼓励和支持，因为父母是他们生活中最重要的人，家长这时最需要做的有以下几点：

（1）当孩子面对挫折与失败时，父母要心平气和地帮助孩子找到失败的原因和解决的办法。

（2）对孩子要有理解和包容之心，失败和挫折是每个人都会经历的，要让孩子明白这个道理，这是在成功之前必经的道路，作为父母，不要因为孩子的失败便对他漠不关心。

（3）一定要让孩子继续努力。孩子对自己产生信心的前提是父母首先要对自己有信心。父母给予的信心和鼓励会使孩子具有克服困难、面对失败的勇气。

6. 对孩子的疑问，一定要做到耐心回答，让孩子认为家长是值得他们倾诉的对象。

20 世纪初，一个叫马力的小男孩在英国的一个小村庄里出生了，他从小就在家教十分严格的环境下成长。父亲总是这样和他说："做任何事都要走在别人前面，不能落在别人后面，要力争上游。挫伤自己信心的话坚决不能说。"

也许这个要求对于年幼的马力太过苛刻，但是后来证明这个教育方法是十分正确的。正是由于从小受到这种严格教育，才使马力拥有极大的信心和进取之心。无论是在学习还是在工作中，他总是拥有克服困难的决心和勇气，总是一往直前地做好每一件事，他从来没有忘记过父亲的教导，并且事事希望能够取得第一，以自己饱满的热情保持着"永远坐在前排"的必胜信念。

马力上大学时，规定需要五年来学完的拉丁文课程，他只用了一年的时间就学完了，而且成绩十分优异。马力不只是在学习方面出类拔萃，在体育、音乐方面也是颇有造诣。当时校长评价他说："他总是能够很出色地完成每一件事，他简直就是学校自建立以来最厉害、最优秀的学生。"

"永远占据在有利位置"不仅代表一种积极乐观向上的人生态度，更是一种勇往直前和力争一流的精神。在世上，想坐在前排的不一定都能够坐到前排，许多人之所以不能坐到前排，就是因为他们并没有付诸行动去完成自己的理想，使理想终究没能实现。

保持一颗自信的心，这样才能使你面对困难和失败时勇敢无畏。可能有的同学在学习上遭受过挫折，却并没有找到失败的原因，最后便对自己失去了信心。形成了一种心理暗示：我学习不好，即使再怎么努力也是徒劳。有人曾经这样说过，"成功是学习的动力"，因为每次成功后，信心便会随之增加。正是这种信念，使一些基础相对薄弱的同学，通过科学的方法，最终到达了胜利的彼岸。

教导男孩学会交流，借鉴别人行以致远

现在很多家庭都是独生子女，因此他们也都显得很自我，很难发现别人的优点。可是小孩子如果从小就不能看到别人优点的话，长大了可能会导致自以为是，无法和他人合作。如果用当下的话来说，就是不会合理运用身边的资源。市场经济环境下不能向别人学习，那么他就不能够站在未来的立场考虑事情，这样便很难获得成功。因此，我们从小就要让孩子善于发现别人的优点。我们需要知道的是，除了学习之外，借鉴别人的经验才能跑得更远。

一个聪明的小男孩，有点内向，不喜欢和别人多说话，学习碰到困难也不向别人请教，总是喜欢自己闷头学习。小学的时候他学习一点问题都没有，到了初中就显得特别吃力。妈妈便带着儿子四处寻求专家帮忙。专家便问他，有没有听过龟兔赛跑这个故事？小男孩回答知道。专家说，这个故事里面的兔子很容易骄傲自满，中途睡觉了，最后还是乌龟赢得了最后的比赛。他说是啊。专家说我现在跟你讲讲新的龟兔赛跑故事，一听说是个新版本，他顿时来了兴趣。于是专家开始给他讲：

在它们的首次比赛中，由于兔子掉以轻心，乌龟便赢得了比赛。兔子便想我这么快的速度，怎么能让乌龟跑赢呢？于是便要进行第二次的比赛，这回兔子当然不敢大意，还睡觉，于是兔子便取得胜利。乌龟想第一次我赢得了比赛，这次怎么又输了呢？于是又向兔子发出第三次的挑战。这一次，虽然兔子没有睡觉，但是却依然是乌龟赢了。

他说那这怎么可能，怎么可能是乌龟取得了胜利呢？专家说因为乌龟改变了赛跑路线，把终点放在了一条河的对面！虽然兔子跑得很快，但是它却不会游泳，怎么也过不去。乌龟缓慢地爬到了河边，跳下去，直接到了对岸，所以当然是它赢了。

孩子听完这个故事，专家问他有没有什么感悟。他想了想说："乌龟和兔子各有优点和缺点。"专家说："你是个聪明的孩子，其实我们人也一样。"男孩听见专家夸奖他，显得特别高兴，于是和专家开心地交流起来。专家接着又说道："之后兔子又和乌龟协商说道，我们两个合作吧，在陆地上的时候你借助我的力量，在过河的时候我借助你的力量，这样我们俩便都可以很快到达对岸了。"小男孩听了之后说："我明白了。"这个故事以及这个故事的道理会让小男孩一生都受益。

在学习生活中，不要只看到同学的缺点，还要发现他们的优点，也要善于和同学沟通，重视同学之间的交流。我们总是会听到："听君一席话，胜读十年书。"所以学习中的孩子也是应该这样，当你一直弄不懂一个问题的时候，可以去请教自己的老师还有同学，没准儿他们的一个提示就会使你恍然大悟。然后你还能有更多的时间去学习更多知识，这样你的学习效率自然而然就提高了。

当我们遇到不会的问题，一定要多向别人请教、学习，这样能更好地解决问题。有些同学不注意能力的培养，所以家长一定要注意以下几点：

1. 鼓励孩子多说话

如果你的孩子是一个内向的孩子，就应该让他多发言多说话。而家长所要做的就是耐心地听孩子说话，不要随意打断，也不要一副不耐烦的样子。语言的表达是需要长期的锻炼，在培养孩子表达能力的过程中，一次粗暴的批评，就有可能让孩子的心灵受到严重的伤害。

2. 家长多向孩子请教

平常生活中，家长也可以向孩子请教问题，例如，家里的这件物品应该摆放在哪里。通过这样耳濡目染，孩子会觉得向别人请教问题也不是什么丢脸的事情，也便会找别人帮忙了。

3. 要求孩子说话客气

在家庭生活中，也要让孩子懂礼貌。一定要让小孩子们知道一个人的言语是能反映出一个人的内在素养的，一定要懂得尊重别人，才能更好地交流。

4. 要求孩子尊重老师的劳动

老师辛苦、无私地教育孩子，假如非要说他们希望得到一些回报的话，那么便是希望学生能够在知识这座大山上勇攀高峰。所以，要教孩子尊敬老师，在路上看到老师要问好。上课的时候一定要学会认真听讲，不违反课堂纪律，按时高质量地完成老师的作业。有一些学生总是喜欢糊弄作业，字迹也是很潦草的，批改作业时让老师辛苦很多，老师当然会对你印象不好。尊敬老师以及老师的劳动成果，才能保证师生的和谐关系，也才能更好地促进学习。

5. 向同学请教

碰到难题时老师和家长不一定都在，其实向自己周边的同学请教问题也不失是一种好的学习方法。困难是每个人都可能会遇到的，遇到了困难之后一定要向同学或者老师说明，同学一般都会热心帮助的。小孩子们都希望在学校的时候能够拥有很多朋友，同学都喜欢和自己玩。要抓住孩子的这一特点并且告诉他们和别的小孩子请教问题也是可以交到朋友的。假设你拥有良好的态度，别人就自然而然地会喜欢你，希望和你成为朋友。这并不是什么丢脸的事情，反而可以在共同的学习中培养友谊。

6. 锻炼孩子的语言技巧

家长应该教给孩子，要怎样向其他同学请教。家长一定要和孩子在讨论问题的过程中来提高自己孩子的表达能力。根据孩子所提出的问题，父母可以当作孩子的被问对象，然后向孩子请教，示范怎样说话沟通能让问题更好地解决。

7. 要敢于承认并及时改正自己的错误

很多孩子都是明明知道自己错了，受到了批评之后，就算心里再内疚，嘴上也丝毫不让步，甚至跟老师的关系弄得很差。有些人在受到老师的批评之后就对老师怀恨在心，认为老师对自己存在主观偏见。这都是错误的想法。错了便是错了，一定要向老师主动承认错误，只要改正了便是好孩子。老师不会因为你一次不完成作业、偶尔违反纪律就把你当坏孩子看待，对你产生偏见。老师对每一个孩子都是一视同仁的。跟老师保持良好的关系既能促进你的学习，又能学做一个好孩子，这将会是你一生的财富。

小昊同学，某市理科高考第一名，当他向别人传授自己的学习经验时，说到最重要的品质便是注重交流，善于向别人学习。他给人印象最深的一句话便是："善于学习的人，其实不仅仅是要从书本上获得知识，更要学会懂得欣赏他人的优点并且学习他人的长处。"他说："一个人只有有限的智慧，大家一定要多多交流、拓展思路。例如在做数学题的时候，每个同学都有自己的解题方法，当大家得到了不同的答案并且展开讨论的时候，必然会学习到自己以前没想到的方法。高中三年我一直都住在学校，所以和老师还有同学们有着深入的交流，他们教会了我很多东西，并且对我一直都很有帮助。因为我的成绩比较好，经常会有同学来向我请教问题，面对这些问题，我总是尽我所能地回答，我并不认为这是在浪费时间，在这个过程里，我顺便可以整理自己的思路，而且常常还有意外的收获。"

从上边我们可以知道，孩子一定要学会跟别人交流合作，也就是要懂得如何整合资源，我们一定要从小就培养孩子的这个意识。借势而上，多少人都是因此成功的。

开发男孩的音乐细胞

音乐对孩子起着十分重要的作用，家长也都期望孩子能够学习一些与音乐有关的技能作为特长，特别是乐器方面。但是，面对种类繁多的乐器，该为孩子选择什么类型的乐器，什么乐器才更有利于孩子的发展，是很多父母所面临的难题。

现在，学习乐器的孩子很多，其中有的孩子只有七八岁，甚至有的孩子只有三四岁，因此他们肯定是不知道最适合他们的乐器是什么？这时父母的引导必不可少。但是，有的家长在这方面也十分缺乏经验，很多家长都不知从哪开始下手。以下是各位家长所要注意的问题。

1. 乐器的品种及类型

乐器可以分为民乐和西洋乐。西洋乐范畴内的弦乐有大提琴、中提琴、小提琴。西洋乐中的管乐器，包括短笛、长笛等铜管乐器，还有长号、圆号、小号等。弹拨类包括吉他和竖琴，打击乐有架子鼓，还有大家最熟悉的键盘类钢琴、手风琴等。民乐也分为四大类，打击乐、弹拨乐、管乐和弦乐。弹拨类的乐器包括古筝、扬琴、琵琶等，打击类型的乐器有叉、鼓、钹、铙等，管乐中包括笛子等乐器。

2. 选择乐器的方法

首要条件就是孩子一定要感兴趣。如果家长不是很懂乐器，也不知道孩子喜欢什么类型的乐器，最简便的方法是带孩子去艺术展厅看一下，让孩子自己了解一下各类乐器，亲身摸一摸、听一听，这是了解孩子喜欢什么类型乐器的最好方法。另外，还可以通过看报纸、杂志、电视来加强孩子对音乐的认知，这样为孩子挑选乐器就方便多了。

另外，不一样的乐器对孩子的要求也不一样，例如，学钢琴需要手指灵活，管乐需要嘴的变化灵活。

3. 学习乐器的最佳年龄

孩子学习乐器，有利于开发智力，既然这样，到底什么时间学习音乐是最好的呢？从理论上来讲，学习乐器是早些好。有些知识孩子学得好、学得快，但大人却远不及小孩子。但也不能说明学乐器越早越好。太早学习乐器的孩子也会面临很多问题，一个原因是孩子年龄小，交流的能力比较差，可能理解不了老师的意思；另外一个问题就是孩子还不够成熟，家长很难掌握孩子真正的兴趣是什么。

总之，学习乐器的最佳年龄是上小学以后，但是家长应该具体问题具体分析，不能一概而论。

4. 学习乐器需要注意的问题

第一，一定要以孩子的兴趣为准，父母一定不能违背这个规律，不要把自己的兴趣强加给孩子。

第二，家长也应适时地对孩子的学习和练习进行督促。很多家长会碰到学习乐器不能坚持到底的孩子。在买完乐器不久，孩子会有些新鲜感，但当孩子练习几次后就对乐器没什么兴趣了。面对这种情形，家长应该怎么做呢？解决这种问题最好的方法是给孩子规定练习的时间，制定练习的任务，让孩子在规定的时间内完成任务。

第三，父母要科学合理安排孩子的练习时间。针对那些初次学习乐器的孩子来说，一次练习可以达到 20 分钟左右。另外，孩子练习的时候，家长最好坐在旁边监督，而且要耐心指导，这样才能达到最好效果。

5. 键盘乐器总是被优先选择的原因

大多数人认为，依据孩子的生理特征和认知特点，孩子首先应该选择键盘乐器，例如电子琴、钢琴等。理由主要有以下几点：

键盘乐器音准而且稳定，可以帮助孩子慢慢地纠正音准，而弦乐器音准则很难掌控，它需要演奏正确的弦调、手也要按在正确的位置上，有时这对于一个孩子来说是件很困难的事情。

不过，无论为孩子选择怎样的乐器类型，刚开始的时候都需要注意视唱练耳，因为音乐学习不仅是为了表演，也要学会欣赏。

上述是给家长的一些参考，当然，假如你并没有决定培养音乐人才的话，那么更应该适时地让孩子懂得，学习乐器并不是想让他将来做一个音乐家，而是希望他生活在充满音乐的世界中。

培养男孩子的艺术欣赏能力

孩子欣赏绘画的能力的高低对孩子绘画水平有着很大的影响。有的孩子四岁的时候就能看懂一幅画的主要形象和简单情节，甚至能明白画中各元素的联系与背景的用意，并且能用自己的语言表达出来。

给孩子欣赏的画应该是适合孩子年龄段的，例如可以是以小动物为主人公或是以童话故事为主配合现实生活的一些图画。细致和逼真的画是孩子的最爱。此外，在选择给孩子欣赏的图画时，应该选择一些色彩明亮的、柔和的、要以暖色调颜色为主的图画。也不应该只关注一种画的形式，油画、水墨画、简笔画等都应该让孩子接触，并学会欣赏、品味它们。

当孩子开始注意到那些鲜亮的颜色的时候，他们已经学会花费时间关注某件物象，开始讲究自己的衣着时，就表明他们已经有了一定的欣赏能力。对于孩子的家长而言，怎样才能让孩子画出自己喜欢的画作呢？

1. 尽量使用彩色笔绘画

最好绘画的时候用鲜明的色彩，图画要尽量大一些。但是色彩也不适宜过多，最多三种，否则视觉会不容易集中到一幅画作的本身含义中来。

2. 画的构图要简单，背景要趋于简单明了

可以画一些孩子日常接触比较多的物体。例如日常见到的书本、可爱的小台灯、红红的苹果、小花衣服等。每幅画最好只画两件或者更少的物体，这样才有利于孩子对整幅画的充分观察。

3. 可以让孩子一边看着作画一边欣赏

父母画一部分，然后让孩子补充另一部分。例如父母可以先画一个物体，然后和孩子一起商量接下来要画什么。这样，有参与性、创造性的欣赏，不但能激发孩子的兴趣，而且还能锻炼孩子的思维能力。

4. 让孩子理解自己的画

由于孩子的年龄比较小，再加上对世界的认知还不够，所以父母要对画作进行一定程度上的解说，父母最好能给一些手势上的描述，这样孩子就能更好地理解绘画的内容。还应该让孩子参与画的创作过程。例如我们要画一只小狗的时候，可以这么和孩子交流：你知道小花狗的叫声吗？让孩子一边学习绘画一边学小狗的叫声，从而调动他的情绪，让他对画作充满兴趣。

培养男孩子自己动手能力很重要

在中国五千多年的历史长河中，出现过很多发明家，他们的发明不但让我们引以为傲，更重要的是推进了中华民族的繁荣发展。这些伟大的发明家之所以有这样的成就，主要是有良好的兴趣对他们引导。所以，如果孩子喜欢拆装东西，父母切不可制止，而是应该培养他们良好的兴趣。说

不定，这就是他们发明家生涯的开端。然而，很多父母都觉得，孩子搞一些小发明小创造的活动十分影响学习和生活。其实，这是父母认识上的误区。

误区一：搞小发明影响孩子正常的学习。这是大多数家长拒绝孩子搞发明的理由，他们认为发明创造会浪费孩子的时间，到最后竹篮打水一场空。下面这个故事，可以让大家进行参考：

有两个即将进入高三的学生，他们有机会去北京参加发明比赛。但他们的父母担心会影响学习，所以并不支持，经过一系列的讨论之后才同意他们去。在创新决赛期间，他们认识了很多有同样爱好的同龄人中的佼佼者，他们互相学习，获得了许多新的知识。七天北京之行后，孩子们的精神头明显比以前好了，这对高三学生是有益的。

这个故事告诉我们，发明创造其实不仅不会耽误学习，而且利用好了反而会促进学习成绩的提高。

误区二：发明创造没有什么用，是一种不务正业的表现。孩子为了自己的研究，把小昆虫养在家里，然后收集一些破铜烂铁，但妈妈喜欢干净，把孩子所有的东西全扔了，并警告孩子："再这样就揍你。"传统的家长认为孩子只有读书写字才是学习，动手制作只是贪玩。但家长有所不知的是，这样强制孩子学习会让孩子的创新萌芽烂在学习的花盆中，也许就因为这样，孩子失去了一次创新的机会，也埋没了一个可能创新的"小天才"。

误区三：孩子的发明作业，家长代劳完成。另一个极端上的父母会全程代劳孩子的创作。这样的做法只会让孩子对父母产生依赖，甚至会阻断孩子的创新思维。父母应该让拥有创新思维的孩子自由地发展，并且让孩子亲手做出来，这样才能达到让孩子在创新中发展的目的，而且孩子也能感受到制作过程中的乐趣。

以上，讲的是父母在培养孩子进行发明创造的时候需要注意的几个点，下面是关于培养孩子动手操作、喜爱创造的方法。

（1）平日和孩子相处的过程中，对于孩子的创造和发明要多给予鼓励，让孩子不能只是有思维，还要有行动。可以让孩子模仿操作，让孩子增强动手能力。另外，就是一些家用设备的使用和在日常生活中的应用等。

（2）进行旧物品改装新物品的实验。这项活动的创造性是非常强的，比如修理闹钟，缝补布娃娃，巧妙利用瓶盖、废弃的瓶子、牙刷、布料来变废为宝。家长要细心、适时地调整自己在孩子整个制作中的角色，如成为帮手或者是建议者。

（3）有一定条件的家庭可以组织孩子进行一些综合性的实践活动。如果孩子对科学实验感兴趣，可以自己建造一个微型实验室，做很多物理和化学上的趣味实验。让孩子自己去发现那些写在课本里的原理，这样可以培养孩子对科学的热爱，激发他的求知欲，同时孩子的动手创造能力、发散思考能力也能得到提高。还要大大鼓励孩子多参加学校里举办的课余科研实践小队等一些能够让孩子动手的活动。

只有让孩子自己动手进行操作，才能集中孩子的注意力，让孩子对制作东西产生浓厚的兴趣。所以，父母们尽量让自己的孩子亲自动手，不要错过了孩子成为科学家的机会，同时也会让他们以后的生活变得多姿多彩。